21년 경력 프로에게 배우는 영업 기본기와 현장 노하우
Essential Sales Skills and Real-World Tactics from a 21-Year Industry Veteran

영업 마인드셋

영업의신조이 지음

영업 고수는 고객에게
딱 1%만큼 져준다

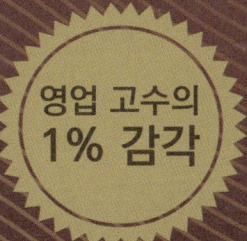

SALES & MARKETING MINDSET

대경북스

영업 마인드셋

초판 인쇄 2025년 6월 16일
초판 발행 2025년 6월 20일

지은이 영업의신조이(최영)

발행인 김영대
펴낸 곳 대경북스
등록번호 제 1-1003호
주소 서울시 강동구 천중로42길 45(길동 379-15) 2F
전화 (02) 485-1988, 485-2586~87
팩스 (02) 485-1488
쇼핑몰 https://smartstore.naver.com/dkbooksmall
e-mail dkbookss@naver.com

ISBN 979-11-7168-100-6   03320

※ 이 책은 저작권법에 따라 보호받는 저작물이므로 무단전재와 무단복제를 금지하며, 이 책 내용의 전부 또는 일부를 이용하려면 반드시 저작권자와 대경북스의 서면 동의를 받아야 합니다.

※ 잘못된 책은 구입하신 서점에서 바꾸어 드립니다.

※ 책값은 뒤표지에 있습니다.

들|어|가|는|글

영업에 대한 자신의 철학과 신뢰의 뒷받침이 없는 자
영혼을 거래하는 미래를 볼 것이다

화려한 언변과 기술로 승부하려 하지 마라
진정성을 바탕으로 가치 전달에 그 목적을 두어라

상품을 팔려고 하지 마라
단지 고객의 마음을 사기 위해 온 힘을 다하라

영업, 마케팅, 연애, 부자, 성공 그리고 인생, 이 모두는 하나다
그것은 나를 통해 상대를 행복하게 만들어 주는 것이다

편안하고 자유롭게 다가가되
단단한 믿음과 신뢰를 주어라

쉽고 안락함을 쫓지 마라
진실하게 말하고 성의 있게 행동하라

그리고 이 책의 원칙들을 반드시 지켜나가라
그러면 상대의 마음의 울림과 감동이
나에게 부와 성공과 사랑으로 반드시 돌아올 것이다

계약을 성사시키고 영업 매출을 늘리기 위해 영업사원에게 필요한 것은 무엇인가? 어떠한 기술로 접근해야 하는가? 무슨 전략을 취해야 하는가?

오늘도 수많은 영업인들이 고민하는 주제다. 하지만 영업은 기술적 그리고 전략적 접근하기 이전에 기본적으로 바탕이 되는 마인드가 우선적으로 세팅되어야 한다. 필자는 이 책을 통해 영업사원이 영업적 활동을 시행하기 전에 어떠한 마음으로 무장이 되어야 하는지 각 필요 요소들을 하나씩 정리해 보았다.

고객을 최우선으로 생각하고 존중하는 마음

고객에게 우선 집중하는 것이다. 고객의 어려움에 공감하고, 고객이 불편해 하는 부분에 관심을 가지고, 고객의 니즈와 흥미를 적극적으로 경청하고 기록하여 상황에 맞춰 만족을 이끌어 내는 것이다.

고객의 문제에 집중하는 마음

단순히 고객을 판매의 대상이나 매출의 수치로 여기지 않고, 현재 고객이 직면하고 있는 문제를 정확히 파악하고, 고객의 더 나은 삶을 위한 솔루션을 제공하는 가치 전달자의 역할을 다하는 것이다.

고객을 행복하게 만들고자 하는 마음

긍정적인 태도로 항상 고객과 긍정적이고 단단한 관계를 유지하고 고객의 고민을 같이 극복하는 노력을 기울이며, 영업사원의 마르지 않는 즉 고객의 고민을 언제나 받아 줄 수 있는 넓은 바다와 같은 긍정의 정신과 마음을 유지한다.

열린 마음과 지속적인 발전을 위한 의지
고객의 요구를 만족시키기 위한 상품의 다양함을 지속적으로 개선 및 확대해 나가야 하며, 또한 고객의 욕구를 충족시키기 위해 열린 마음으로 신기술을 학습하고 개발해 나가야 한다.

고객의 거부를 즐기는 마음
고객의 수많은 거절과 다양한 장애 상황을 최종 판매의 그 날까지 즐거운 마음으로 당당히 직면하고 극복하는 의지를 기른다.

정직과 신뢰의 마음
모든 영업 활동에서 윤리적이고 정직하게 행동해야 하며, 신뢰를 바탕으로 장기적인 안목으로 모든 일을 시행해 나간다.

그러므로 우리는 다시 본질로 돌아가야 한다. 영업은 단지 설득이 아니다. 단순한 제품 소개도 아니다. 그것은 사람과 사람 사이에 신뢰를 건네고, 진심을 전해주는 과정이다. 상대의 마음에 들어가기 위해서는 먼저 그 마음을 열어야 하며, 그 문을 여는 열쇠는 바로 울림이다. 다시 말해, 영업은 마음의 울림을 만들어내는 일이다. 상품을 팔기보다, 삶의 무게를 덜어주고,

오늘의 고민을 조금이라도 줄여주는 것. 그렇게 상대의 삶에 작지만 확실한 변화를 선사하는 것이다. 그 순간, 우리는 단순한 영업인이 아니라 '한 사람의 삶을 설계하는 조용한 동반자'가 된다.

이 책이 말하는 모든 원칙의 출발점은 그 울림에 있다. 팔기 위한 기술보다, 사람을 이해하려는 감각이 먼저다. 자신이 무엇을 파는가보다, 그것이 어떤 감정을 만들고 어떤 경험을 선사하는지를 먼저 바라보라.

세상은 갈수록 빠르고 복잡해진다. 그러나 진짜 고수는 그 복잡함 속에서도 본질에 집중할 줄 아는 사람이다. 누구보다 철저히 준비하되, 누구보다 따뜻하게 다가가는 사람. 그의 손에는 계약서가 아닌 신뢰가 들려 있고, 그의 말끝에는 화려함보다 울림이 남아야 한다.

이 책을 읽은 당신이 이제는 '판매자'에서 '가치를 전달하는 사람'으로 거듭나길 바란다. 단 1%, 내가 아닌 고객에게 더 마음을 쓰는 사람. 그 1%의 감각이 세상을 바꾼다. 당신이 마지막까지 포기하지 않는다면, 영업은 물론 부와 성공, 사랑, 인생까지도 모두 당신의 것이 될 것이다.

— 영업의신조이

"진심은 언제나 울림을 남기고, 울림은 끝내 세상을 바꾼다."

차 | 례

들어가는 글 _3

Chapter 1. 마음가짐

01. 기적은 일상 속에 존재한다 _18
02. 긍정의 돛을 달아라 _23
03. 영업사원에게 포기란 없다 _26
04. 기다림도 영업이다 _29
05. 누구에게나 떨림과 두려움은 있다 _32
06. 영업의 전제조건 '자신감' _35
07. 미소는 강력한 영업의 무기다 _38

Chapter 2. 고객과의 밀당

01. 영업사원에게 고객은 어떤 존재인가 _47
02. 고객의 삶에 공감하라 _51

03. 고객과 마음의 진동을 공유하라 _54
04. 영업의 근원에는 사랑이 있다 _57
05. 고객의 분노에 진정성으로 다가가라 _60
06. 가치보다 고객의 이익을 우선하라 _63
07. 선택을 기다리는 동안에도 고객과 함께하라 _66
08. 고객의 인간적 욕구를 충족시켜라 _69
09. 진심 어린 환대로 고객을 감동시켜라 _72
10. 칭찬은 고객도 춤추게 한다 _75
11. 고객의 거부에는 이유가 있다 _79
12. 고객 감동을 위한 선물 고르기 1 _83
13. 고객 감동을 위한 선물 고르기 2 _86
14. 영업에도 타이밍이 있다 1 _88
15. 영업에도 타이밍이 있다 2 _90
16. 영업에도 타이밍이 있다 3 _93
17. 상품을 팔지 말고 고객의 불편을 해결하라 _95
18. 고객의 'No'는 거절이 아니다 _97
19. 고객에 대한 짝사랑 1 _99
20. 고객에 대한 짝사랑 2 _101
21. 고객에 대한 짝사랑 3 _103
22. 밀당의 기술 1 _106
23. 밀당의 기술 2 _109
24. 밀당의 기술 3 _114

Chapter 3. 영업 현장에서의 노하우

01. 나를 먼저 내보여라 _121
02. 고객의 시간을 소중히 하라 _124
03. 후각적인 요소도 고려하라 _127
04. 미팅 전에 준비해야 할 것 _130
05. 고객이 직접 선택하게 하라 _133
06. 소개자료는 어떻게 작성되어야 하는가 _136
07. 열 번 보는 것보다 한 번 해보는 것이 낫다 _138
08. 전문성이 신뢰를 낳는다 _140
09. 인과관계를 뒤집는 창조적 영업 _143
10. 현장교육의 중요성 _146
11. 고객의 어려운 질문에 대처하는 법 _149
12. 고객과 함께 만들어가는 제품 _152
13. 고객의 피드백에 주목하라 _155
14. 사소한 불만까지 체크하라 _157
15. 고객에게 기억되는 메일 작성하기 _160
16. 고객 자신도 알지 못한 갈증을 읽어라 _162
17. 문화의 다름을 인정하는 일 _164

Chapter 4. 지속가능한 영업을 위하여

01. 판매 예측 _171
02. 영업사원은 수치로 말한다 _173
03. 경쟁사를 존중한다 _175
04. 정부 입찰에서 주목할 부분 _178
05. 마음이 움직일 때, 관계는 시작된다 _181
06. 농부의 마음으로 씨를 뿌려라 _184
07. 지속성의 생명은 멘탈 관리 _187
08. 지속가능한 성장을 위한 네 가지 리듬 _189
09. 지친 영업사원을 위한 거울 위로법 _191
10. 감정의 리셋 _193
11. 불황기의 마음가짐과 전략 _195
12. 끈기가 오더를 만든다 _197
13. 매출만큼 수금도 중요하다 _199

Chapter 5. 영업의 신의 영업마케팅 꿀팁

01. 가치적 이상을 꿈꾸게 하라 _205
02. 불안 심리를 자극하라 _207
03. 물고기가 있는 곳을 찾아서 낚싯대를 던져라 _208

04. 미안 마케팅, 작지만 깊은 빚을 만드는 기술 _210

05. 한 번에 모든 카드를 다 오픈하지 마라 _213

06. 필요는 경험을 통해 만들어진다 _216

07. 공포심 유발 전략 _219

08. 고객은 최고의 영업사원이다 _221

09. 경쟁사 영업사원도 충성 고객이 있다 _222

10. 투자의 법칙 _224

11. ROI 투자회수(고객이 돈을 벌게 해주자) _227

12. 수요가 없다면 만들어 줘라 _229

13. 대리점과의 이익 분배 전략 _232

14. 오너의 흔들리지 않는 철학 _235

Chapter 6. 팀과 함께, 대리점과 함께

01. 매출 목표 _241

02. 업무보고 _243

03. 개인의 이익 vs 팀 이익 _245

04. 마감은 서로의 약속이다 _247

05. 팀과 함께 가라 _249

06. 40%의 비축치가 있다면 _251

07. 대리점에 동기 부여하라 _253

08. 바이어의 아픔에 공감하라 _255

09. 현장에 답이 있다 _257

10. 과거를 배우면 미래가 보인다 _259

11. 보이지 않는 경쟁 시스템을 구축하라 _261

Chapter 7. 상식을 뒤집는 신의 한 수

01. 사하라 사막에서 비옷을 팔아라 _266

02. 러시아 야쿠츠크 마을에 선풍기 팔기 _270

03. 남극에서 냉장고를 판다 _273

04. 알래스카에서 얼음을 팔아라 _275

05. 삭발한 스님에게 머리빗을 판매하다 _278

06. 펜을 파는 방법 _281

나가는 글 _ 백만 가지의 가능성을 향해 _285

Chapter 1
마음가짐

최근 많은 이들이 경제적 독립에 관심을 가지고 있고, 그렇게 하려고 노력을 기울인다. 경제독립은 '경제적으로 자유를 쟁취한다'는 말로 삶에 필요한 최소한의 수입과 자산을 보유하고, 경제적 활동에서 불안한 심리적 작용이 일어나지 않는 정도의 재정적 상태를 유지하는 것을 말한다. 예전에는 '부자'라는 표현을 많이 사용했다.

"그 사람 부자야? 돈은 많아? 차는? 아파트는 몇 평이야? 어디에 살아?"

하지만 요즘엔 표현이 조금 바뀐 것 같다. '잘 산다'는 표현을 더 많이 사용한다.

"그 사람 잘 살아?"

어떠한 차이가 있을까? '부자'는 가난과 대비되는 부를 축적한 상태를 의미하지만 '잘 산다'는 표현은 기본적으로 경제적으로 안정된 형편, 즉 단순하게 먹고 살아가는 부분 이외에도 행복과 만족이라는 의미가 포함된 의미로 이해된다.

부자의 목표는 곧 돈으로 귀속되지만, 잘 살아가는 것의 목표는 행복으로 최종 귀결된다.

그렇다면 행복한 삶을 위해서는 어떠한 요소들이 충족되어야 하는가? 가장 기본적인 요소로는 내가 먹고 싶은 것을 먹고, 안전한 곳에서 생활하며, 사랑하는 사람과 함께 소속된 조직 내에서 인정과 존중 그리고 사랑을 받아가며 자기가 뜻하는 일을 하면서 살아가는 것이다. 여기에는 생존에 필요한 부를 축척해야 하고, 사랑하는 사람을 만나야 하고, 원하는 일을 하면서 이 요소들로부터 만족감을 얻고 행복을 느껴야 한다.

이제부터 우리는, 부자, 연예, 성공을 이루기 위해 필요한 요소들을 찾아 서로 교집합적인 공통 부분만을 뽑아내어 영업의 성공을 위한 원칙으로 정리해 보고자 한다.

필요한 요소들을 역으로 추적하여 원칙을 정리하였다. 그 시작은 성공이라는 결과에서부터다. 만족할 만한 최종 결과물을 만들어 내기 위해서는 성공에 필요한 요소를 충족시켜 주어야 한다. 그러기 위해서는 성공을 위한 습관이 우리 몸에 배어 있어야 하고, 그 습관의 기본 요소인 개별 행동 하나 하나가 체계적으로 시행되어야 한다. 이러한 행동은 생각과 의지를 따른다. 그 굳건한 생각과 의지를 마음가짐이라고 부른다.

이렇게 준비된 마음가짐을 바탕으로 정리된 생각은 힘을 가지고, 그 에너지는 실질적인 행동으로 이어지고, 이러한 개별 행동의 루틴은 습관으로 정착되고, 이런 습관은 성공의 가능성을 올리는 원동력이 되고, 모든 요소가 긍정적으로 상호 화합하여 결국 만족할 만한 결과를 최종적으로 이끌어내는 것이다.

영업 성공을 위한 마음가짐은 아래와 같은 순서를 따라 긍정적 결과를 가져온다.

1) **마음가짐** : 영업사원의 마음 상태를 올바르고 굳건히 유지하는 의지
2) **마음** : 영업사원의 상황과 시중*(시점 또는 상황)*에 맞는 감정 상태
3) **생각** : 영업사원의 마음으로 느낀 것들을 단단하게 원칙으로 굳히는 작업
4) **행동** : 영업사원의 생각의 굳힘을 실질적으로 행하는 것
5) **습관** : 영업사원의 반복적 행동들의 패턴이 삶의 루틴으로 자리잡는 것
6) **원인** : 영업사원의 일상적 습관으로 발생되는 사건을 일으키는 근원적 요소
7) **결과** : 1~6을 바탕으로 나타나는 긍정적이고 만족스러운 결말

성공적 결과를 얻기 위해서는 그에 합당한 원인, 습관, 행동, 생각이 반드시 필요하고 그 생각의 주인인 마음을 굳건하게 유지해야 한다. 이것이 영업을 위한 마음가짐이다.

01.
기적은 일상 속에 존재한다

캐나다 토론토에는 한때 '상상력의 한계'라 불리던 것을 실현시킨 기적 같은 건축물이 있다. 바로 로저스센터다. 1989년, 인류는 악천후에도 경기를 멈추지 않고 야구를 즐기고자 하는 열망을 실현하기 위해 세계 최초의 완전 자동 개폐식 돔구장을 탄생시켰다. 5만 명을 수용하는 이 돔구장은, 그 자체로 하나의 도시이자 위대한 건축적 도전이었다. 95미터 높이의 구조물,

로저스센터

122미터 길이의 거대한 폴대가 하늘을 가르며 열리고 닫히는 순간, 우리는 그 움직임 속에서 '기술이 만들어낸 기적'이라는 말을 실감하게 된다. 그것은 단순한 건축물이 아니라, 인간의 상상력과 집념이 빚어낸 집합체다.

로저스센터에서 남동쪽으로 2시간쯤 이동하면 또 다른 차원의 기적을 만날 수 있다. 그 이름만 들어도 가슴이 뛰는 나이아가라 폭포다. 초자연적이란 표현이 부족하지 않을 만큼 거대한 수량이 쉼 없이 낙하하는 그 폭포는 눈으로 보기 전까지는 믿기 힘든 현실이다. 그러나 그보다 더 놀라운 점은 이토록 어마어마한 폭포수가 쏟아져 내리는데도 정작 폭포와 연결된 온

나이아가라 폭포

타리오 호수의 수면은 단 1mm도 상승하지 않는다는 사실이다. 자연은 경이로우며, 그 경이로움은 때로는 우리의 이성과 물리적 상식을 조용히 무너뜨린다.

그곳에서 1,200킬로미터쯤 동쪽으로 더 이동하면, 이번엔 지구와 달이 만들어 낸 신비를 만날 수 있다. 세계에서 가장 큰 조수간만의 차를 자랑하는 펀디만에서는 하루 두 차례 바닷물은 밀물과 썰물로 거대한 숨을 쉬고, 그 차이는 무려 16미터에 달한다. 그 물의 양은 지구의 모든 강물을 합친 것보다 많다고 한다. 천억 톤이 넘는 바닷물이 달의 인력에 끌려왔다가 다시 밀려 나가는 광경은 단순히 자연 현상이라 보기 어렵다. 그것은 달과 바다가 수십억 년 동안 만들어 온 깊은 관계의 증표이며, 그 안에는 보이지 않는 힘과 질서가 흐른다. 우리는 이런 사실을 알고 나서야, 눈앞의 바다가 단순한 수평선이 아니라 위대한 우주의 울림이라는 것을 깨닫게 된다.

하지만 정보와 맥락이 없는 이들에게 이 위대한 장면은 고작 파도일 뿐이다. 로저스센터 역시, 그 위대한 건축의 역사와 의미를 알지 못한 채 스쳐 간다면, 단지 한 장의 사진 속 배경으로 지나칠 뿐이다. 아는 만큼 보인다는 말은 단지 지식의 깊이를 말하는 것이 아니다. 그것은 사물과 현상을 향한 우리의 태도, 감정, 연결의 능력을 말한다. 이것을 모두 수용하였을 때 비로소 우리는 그것을 '기적'이라고 부르게 된다.

더 넓게 바라보자. 펀디만과 달의 관계를 넘어, 지구와 달, 그리고 지구와 태양의 관계를 상상해 보자. 이 모든 복잡한 운동 속에서 우리는 오늘도 숨 쉬고 살아간다. 지구는 자전하면서 태양을 공전하고, 이 거대한 움직임은 계절이라는 이름으로 우리의 일상에 들어와 있다. 봄에는 생명의 탄생이, 여름에는 성장의 열기가, 가을에는 결실의 기쁨이, 겨울에는 고요한 준비의 시간이 주어진다. 우리가 누리는 이 모든 변화는 태양과 지구가 만들어 내는 거대한 시간의 순환이며, 기적의 연속이다. 그러나 우리는 그것을 '일상'이라 부른다.

아침이 오면 단지 하루가 시작되었다고 여기고, 계절이 바뀌면 옷장을 정리할 때가 온 것으로 여긴다. 눈 앞에 펼쳐진 그 수천억 톤의 물살도, 온타리오 호수의 수면도, 스카이돔의 개폐도, 태양의 궤도도 우리는 무심코 지나친다. 그 경이로움을 일상이라는 이름으로 바꿔버린 채 살아간다. 우리가 놓치고 있는 기적은 멀리 있지 않다. 바로 지금, 이 순간도 기적이며, 숨 쉬는 이 찰나가 신비다.

오늘 아침, 태양이 다시 떠올랐다. 어제와 같은 출근길, 어제와 같은 하늘 아래, 그러나 우리는 잠시 걸음을 멈춰야 한다. 얼굴을 들어 태양을 바라보자. 햇살 한 줌이 내 눈에 닿고, 내 뺨에 닿을 때, 그것이 얼마나 큰 사랑이며 축복인지를 느껴보자. 나를 비추는 이 따스함은 단 한 순간의 기적이고, 내게 주어진 새로운 기회다. 손바닥을 펴서 하늘을 향해 들어 보자. 그리고 느껴보자. 지금 이 순간, 내 손 안에 들어온 햇살이 속삭이고 있다.

"너는 지금 살아 있다. 오늘 하루를 다시 시작하라."

기적은 멀리 있지 않다. 늘 우리의 곁에 머문다. 손끝에, 뺨 위에, 발걸음

사이에.

    지금 이 순간도, 우리는 그 기적의 한 가운데에 서 있다.

"일상은 기적의 감춰진 얼굴이다.

그 얼굴을 알아보는 순간, 모든 아침은 새롭게 시작된다."

02.
긍정의 돛을 달아라

우리는 종종 인생을 드넓은 바다에 비유하곤 한다.

태어난다는 것은 어떤 항구에서 출항하는 일이고, 어린 시절은 해안가를 따라 모선 주위를 맴도는 작은 보트다. 사춘기를 거치며 거센 물결을 버티어 낸 배는, 청년이 되어서는 드디어 부모라는 든든한 모선으로부터 분리된다. 누군가는 자신의 선택으로 항해를 시작하고, 누군가는 예기치 못한 사고나 태풍처럼 몰아치는 인생의 변덕 속에 의도치 않게 던져진다. 그렇게 우리는 누구나 한 번쯤, 아니 수없이 홀로 항해를 반복한다.

모선 없이 맞이하는 바다는 결코 다정하지 않다. 검푸른 파도 위에 덩그러니 내던져질 때, 그 바다 위에서의 외로움은 영혼을 잠식해 온다. 그런데 이상하게도, 가족을 이루고, 아이를 낳고, 책임질 무언가가 생긴 이후에도 항해는 결코 순탄해지지 않는다. 책임은 항해의 연료가 되지만, 때로는 무게로도 작용한다. 직장인들은 매달 25일을 향해 걷는다. 사업가는 24일을 걱정한다. 월급을 주기 위해, 월급을 받기 위해, 우리 모두는 항해 중이다.

특히 영업사원이라면 그 바다는 더 격렬하다. 실적이라는 파도는 무정하

게 몰아치고, 거절이라는 암초는 하루에도 수십 번씩 그를 흔든다. 그러다 보면 자신도 모르게 검푸른 파도 속으로 좌초하게 된다. 더 이상 잡을 것 하나 없는 파도 위에, 그저 부서진 난파선의 조각들과 나뭇가지 몇 개가 유일한 생존 수단으로 떠다닐 뿐이다. 이쯤 되면 '포기'라는 말이 고개를 든다. 하지만 쉽게 놓아버릴 수 없는 이유가 있다. 사랑하는 가족이 있기 때문이다. 그들을 지키기 위해 살아내야 한다. 그리고 그 살아냄의 첫 번째 열쇠는 다름 아닌 긍정이다.

하지만 이 긍정은 막연한 낙관에서 시작되지 않는다. '잘될 거야!'라고 되뇌는 것만으로는 파도가 멈추지 않는다. 알라딘의 지니는 램프에서 나오지 않는다. 그러나 '나는 살 수 있다.'는 단단한 확언은 내 안의 무언가를 흔들고 일으켜 세운다. 정신이 돌아온다. 그리고 상황을 표류가 아닌 항해로 전환해야 한다는 자각이 찾아온다.

이제 더는 맨몸으로 버틸 수 없다. 내가 지금 할 수 있는 일부터 차근차근 시작한다. 바다 위를 부유하는 나뭇가지를 모은다. 그것은 흩어진 파편이 아니라, 다시 일어서기 위한 재료다. 엮고 묶어 뗏목을 만든다. 개중에 두터운 나뭇가지를 돛대로 세운다. 옷을 벗어 돛을 만든다. 방향을 정하고, 바람을 기다린다. 바람이 분다. 돛이 펄럭인다. 드디어 앞으로 나아간다.

별의 위치와 달의 움직임, 태양의 뜨고 짐, 물고기의 이동, 조류의 방향까지. 그동안 살아오며 축적한 지식과 지혜를 총동원해 목적지를 설정한다. 죽음을 향해 표류할 수도 있고, 다시 뗏목이 부서져 나갈 수도 있다. 때로는 북적도 해류를 만나 서북쪽으로, 때로는 캘리포니아 해류를 따라 동남쪽으로 흘러가지만, 중요한 건 내가 움직이고 있다는 사실이다. 내가 방향을 정하고 그곳을 향해 나아간다는 사실이다.

모든 것은 선택의 문제이며, 매 순간 우리는 선택받은 존재가 아니라 선택하는 존재다. 과거가 아무리 쓰라렸고, 지금이 아무리 외로워도, 그 부서진 조각들이 내일의 뗏목이 되고, 찢긴 옷가지가 미래의 돛이 될 수 있다. 이제 다시 묻는다. 오늘 당신은, 돛을 만들 준비가 되어 있는가?

> "긍정은 바다를 멈추게 하지는 못하지만,
> 그 바다 위에 다시 일어설 뗏목을 만들게 한다."

03.
영업사원에게 포기란 없다

영업에서 가장 먼저 마주하는 어려움은 상품 소개가 아니다. 판매하고자 하는 상품에 적합한 고객층을 전략적으로 설정하는 일은 마케팅 부서와 협력할 수 있다. 그러나 설정된 타깃 안에서 실제 고객을 발굴하고, 하나하나를 리스트로 정리해 나가는 과정은 전적으로 영업사원의 몫이다. 이 과정이야말로 가장 고되고, 끈기를 요구하는 구간이다.

오늘날 수많은 영업사원들이 SNS를 활용해 새로운 고객을 찾는다. 인스타그램, 페이스북, 링크드인과 같은 플랫폼을 통해 이전보다 훨씬 자연스럽고 캐주얼한 방식으로 고객에게 접근할 수 있게 되었다. 직접 메시지(DM)를 통해 첫 인사를 건네고, 메일 주소를 받으며, 회사 소개 자료와 제품 정보를 전달하는 방식은 부담을 줄이고 접근성을 높여준다. 이메일 교류가 이어지면 고객은 자연스럽게 질문을 던지고, 영업사원은 전화번호를 확보하여 유선 상담으로 넘어간다. 그렇게 관계가 형성되고, 일정 수준의 신뢰가 쌓이면 비로소 대면 상담으로 연결된다. 이처럼 작지만 중요한 단계들이 쌓이고 쌓여야 고객 한 사람과의 만남이 성사된다.

INVESP와 CRUNCHBASE의 통계에 따르면, 영업사원이 발송한 이메일 중 고객이 실제 열어보는 비율은 고작 25%에 불과하다고 한다. 100명에게 메일을 보내면, 75명은 아예 열어보지도 않는다는 말이다. 메일을 열어본 고객 중에서도 실제로 흥미를 느껴 전화를 걸어오는 고객은 극소수이며, 고객 한 명의 이름을 잠재 고객 리스트에 올리기 위해서는 평균 8번 이상의 전화 시도가 필요하다고 한다. 설령 리스트에 이름을 올렸다 하더라도 의사 결정자와의 연결은 또 다른 장벽이다. 이마저도 평균 6번의 추가적인 통화 시도가 필요할 것이다.

이 모든 장벽을 넘었다고 해서 끝이 아니다. 그제야 비로소 본격적인 설득의 시간이 시작된다. 아무리 상품을 설득력 있게 설명한다 하더라도 고객의 60%는 "예"가 아니라 "아니오."라고 대답한다. 수많은 장벽을 넘어온 그 한 명의 고객과 실제로 계약하기까지, 영업사원은 끊임없는 노력을 반복해야 한다.

하지만 현실은 암울하다. 44%의 영업사원들이 단 한 번의 전화 통화 시도 후 그 고객을 리스트에서 삭제해버린다고 한다. 다시 말해, 절반에 가까운 영업사원들이 첫 번째 거절에 그 가능성을 스스로 접어버리는 것이다. 우리는 이것을 '포기'라 부른다. 영업에서 포기는 곧 가능성의 소멸이다. 반대로 그 가능성을 끝까지 놓지 않는 태도, 그것이 바로 '끈기'다.

포기와 끈기, 이 두 개념은 서로 반대 방향을 향한다. 포기는 목표 앞에서 중단하는 행위고, 끈기는 목표 앞에서 끝까지 나아가는 의지다. 그리고 이 둘의 중심에는 항상 '잠재 고객'이라는 공통의 목적이 놓여 있다. 그렇기에 우리는 이 둘을 이어줄 수 있는 중간의 도구가 필요하다. 바로 CRM, 즉 고객관계관리 시스템이다. 이 도구는 포기하려는 고객을 다시 끈기로 이어주는 '생명의 리듬'을 만들어 준다.

Customer Relationship Management *(CRM, 고객관리 프로그램)*은 단순한 데이터베이스가 아니다. 영업사원에게는 오늘 다시 연락해야 할 고객이 누구인지, 이번 주 안에 만나야 할 고객이 누구인지, 한 달 안에 계약이 마무리될 가능성이 있는 고객은 누구인지를 시기별로 정확히 제시해 주는 강력한 내비게이션이다. 이 시스템은 고객의 상황, 구매 가능성, 현재의 영업 진척도, 마지막 접촉일, 상품에 대한 반응 등을 구체적으로 정리하여 보여준다. 이것이 바로 고객을 절대 잊히지 않게 하는 힘이다.

물론 CRM이라는 이름이 중요한 것은 아니다. 그것이 노트든 수첩이든, 심지어 메모지든 상관없다. 중요한 것은 영업사원의 의지다. 오늘 포기하고 싶은 마음이 들더라도, 어제 적어둔 이름 하나를 다시 읽고 다시 전화기를 들어보는 것. 그 끈기의 반복이 결국 계약을 만들어 낸다. 단 1%의 가능성이라도 있다면, 그 가능성은 두 배가 될 수 있고, 열 배가 될 수 있으며, 마지막에는 하나의 성과로 돌아온다.

끈기라는 이름 아래, 고객이라는 목표를 절대 포기하지 말아야 한다. 그것이 바로 영업사원이 가져야 할 가장 기본적이고 강인한 마음가짐이다.

"포기는 오늘을 지우고, 끈기는 내일을 연결한다."

04.
기다림도 영업이다

잠재고객 리스트를 바라보는 영업사원이 미간을 잔뜩 찌푸린다. 이번 달 안에 계약을 체결할 수 있는 '가능성 있는 고객'을 최대한 골라내고, 그들을 중심으로 마감 실적을 채워야 한다. 하지만 문제는 늘 리스트 안에 존재하는 또 다른 부류의 고객들, 즉 수개월 혹은 수년째 계약이 이루어지지 않고 매달 다음 달로만 이월되는 고객들이다. 이들은 영업사원의 관심에서 점차 멀어지며, 결국 마음에서도 사라지기 마련이다. 관심에서 멀어진 고객은 기억에서도 멀어지고, 그렇게 리스트에는 유령과도 같은 이름이 늘어간다.

2012년 독일 전시회에서 필자는 튀르키예의 한 의료기기 전문 수입사 사장을 처음 만났다. 첫 인상도 좋았고 미팅 분위기도 희망적이었다. 하지만 그해 매출 리스트에 그들의 이름은 없었다. 2013년, 그는 마케팅 매니저, 영업총괄과 함께 다시 우리 부스를 찾았다. 보다 깊어진 논의가 오갔고, 우리는 다시 한번 기대를 품었다. 하지만 계약은 이루어지지 않았다. 2014년, 그들은 우리 제품을 멀리서 바라보다 떠났고, 2015년에도 가까이 오되, 아무 말은 없었다. 매년 반복되는 희미한 인사, 그리고 사라지는 뒷모습. 결국 이 바이어는 나의 기억 속에서조차 잊혀져 갔다. 단지 CRM 시스템 안에서 살아있는 고객으로만 남겨졌다.

그럼에도 불구하고 우리는 관계의 끈을 놓지 않았다. 성탄절마다 크리스마스카드를 보냈고, 새해마다 인사 메일을 보냈다. 신제품 출시 소식이 있으면 상세 스펙과 함께 전달했고, 회사의 성장 뉴스도 빠짐없이 전했다. 간헐적이었지만 끊어지지 않은 교신은 고객 리스트 안의 잔존하는 생명줄처럼 유지되었다.

2019년 11월, 코로나의 서막이 드리웠고, 2020년 우리의 해외 매출은 반 토막이 났다. 2021년, 우리는 살아남기 위해 과거를 뒤졌다. 2022년, 그 지독한 침묵 끝에 드디어 한 통의 메일이 도착했다. 발신인은 바로, 그 튀르키예 바이어였다. 10년 만의 소식이었다. 그는 정중하게 견적을 요청하며, 이제 우리 제품을 구매하고 싶다고 말했다.

왜 이제야 돌아왔는지를 묻자, 그는 이렇게 답했다.

"지금 사용하고 있는 장비의 제품 수명이 10년입니다. 이제 교체할 시기가 되었고, 경쟁사보다 귀사의 제품을 선택하고 싶습니다."

그리고는 덧붙였다.

"10년간 받았던 카드들, 가족들과 함께 찍은 사진, 팀원들의 웃는 얼굴들…. 모두 제 책상 옆에 소중히 붙여 두었습니다."

그 순간 필자는 깨달았다. 제품의 수명 주기가 10년이라면, 그 10년이 지난 바로 그날이, 나의 진짜 영업이 시작되는 날이라는 것을. 피드백이 없다고 해서 인연이 끝난 것이 아니며, 오늘의 인사가 언젠가의 계약으로 피어날 수 있다는 것을. 지금 당장 내 눈에 보이지 않는 관계의 가능성도, 결국 시간과 끈기로 꽃피울 수 있다는 진리를.

"기다릴 줄 아는 자만이, 진짜 계약의 문을 연다."

05.
누구에게나 떨림과 두려움은 있다

영업사원이 고객 앞에 서는 그 순간, 마음속에 피어오르는 낯선 떨림과 알 수 없는 두려움은 비단 초보자에게만 찾아오는 감정은 아니다. 고객을 만나는 행위는 결국 나 자신을 세상 앞에 드러내는 일이며, 그 속에는 평가받고 싶은 마음과 동시에 외면당할지도 모른다는 두려움이 함께 존재한다. 뛰어난 영업인이라면 이런 감정들을 제어할 줄 알겠지만, 대부분의 사람들은 여전히 가슴속에서 요동치는 불안과 함께 고객 앞에 선다. 이 감정은 나약함 때문이 아니라 인간됨의 징후이자 살아 있기에 느끼는 감정이다.

우리는 중요한 순간마다 떨린다. 수능 시험장에 들어서는 고3 수험생, 전학 간 교실 문을 여는 전학생, 군입대를 앞둔 청년, 피아노 콩쿠르를 앞둔 연주자, 100미터 출발선 위에 선 선수처럼. 그 모든 떨림은 '잘하고 싶다'는 간절함에서 비롯된다. 이는 생존과 미래에 대한 불안의 반영이자, 결과에 책임지고자 하는 마음의 진동이다. 영업사원이 고객을 만나는 순간 역시 그와 같다. 제품을 소개하고, 설득하며, 결과를 기대하는 그 모든 과정은 무대 위

연주자나 경기장 위 선수처럼 준비된 실력을 평가받는 순간이다. 그렇기에 떨리는 것이 당연하다.

떨림은 어디에서 오는가? 우리는 무의식 중에 '잘하고 싶다'는 욕망을 품는다. 실패하면 어쩌나, 고객이 나를 거절하면 어떡하나, 내가 실수하면 이 관계가 끝나는 건 아닐까? 미래의 불확실성과 그로 인한 부정적 상상은 떨림을 증폭시키고, 감정을 경직시킨다. 그러나 이 감정을 반드시 부정적으로 볼 필요는 없다. 그것은 지금 내가 '정말 중요한 일'을 마주하고 있다는 뜻이며, 나의 존재가 긴장할 만큼 가치 있는 순간 앞에 서 있다는 반증이기도 하다.

두려움은 감정을 삼키지만, 준비는 두려움을 해소한다. 영업사원에게 필요한 것은 기교가 아니라 반복된 준비다. 자료를 읽는 것이 아니라 외워내고, 외운 것을 넘어 스스로 말할 수 있어야 한다. 그러기 위해서는 고객의 질문에 막히지 않기 위해 예상 질문을 뽑고, 그에 대한 답변을 수십 번 연습해야 한다. 운동선수가 근육에 기억을 새기듯, 영업사원은 언어에 확신을 새겨야 한다. 피아니스트가 무대 위에서 악보 없이 연주하듯, 영업사원도 팜플렛 없이 상품 스펙과 장단점을 줄줄 읊어야 한다.

그리고 무대 위에 서면 "잘해야 한다"는 집착을 내려놓아야 한다. 열심히 준비한 것을 그저 자연스럽게 보여주면 된다. 자신을 믿고 이 순간을 즐기면 된다. 그 순간 떨림은 힘이 되고, 두려움은 집중이 된다. 마음속의 긴장이 사라질 때, 오히려 내가 준비한 모든 것들이 가장 빛나는 방식으로 흘러나오게 된다. "실전은 훈련처럼, 훈련은 실전처럼!"이라는 말은 단지 전술적 기술이 아니라, 감정까지 포함한 훈련의 완성도를 뜻한다.

영업사원이 떨린다면, 그것은 무대에 서 있다는 뜻이다. 두려움이 있다면, 그것은 영업사원이 고객의 시간을 소중히 여기고 있다는 증거다. 그 떨림이 틀리지 않았음을 믿고, 그 감정을 숨기지 말고, 그저 담담하게 밀고 나가자. 결국 준비는 떨림을 넘어설 것이고, 두려움은 신뢰로 바뀔 것이다.

"두려움은 무대에 선 자에게만 주어지는 선물이다.
오랜 준비의 과정은 그 선물을 자신 있게 펼쳐 보이게 한다."

06.
영업의 전제조건 '자신감'

　보통 영업의 기술을 이야기하는 사람들은 이렇게 말한다. 설득의 기술을 이야기하고 협상의 방법론을 논하려 한다. 이런 상황에서는 이런 이야기를 해야 하고, 저런 상황에서는 저렇게 대처해야 한다고 조언한다. 또한 고객을 중심에 두고 고민하는 이들은 고객의 니즈를 파악해야 한다고 말한다. 다시 말해, 고객이 진정 원하는 것이 무엇인지를 파악해야 하고, 고객의 마음이 어떠한지를 알아내야 한다고 조언한다. 영업사원의 태도를 기반으로 이야기하는 이들은 기본에 충실해야 한다고 말한다. 그리고 입을 모아 꾸준함과 성실함을 습관화하고 매일 매일 지속해 나아가야 한다고 말한다.

　다양한 방법과 전략 그리고 태도가 영업을 하는 데 꼭 필요한 조건이고 요소임은 분명하다. 고객을 만나고 제품을 설명하고 가치를 전달하고 상황과 조건을 설득하고 그리고 최종적으로 오더를 받아내는 것까지 앞에 열거한 모든 요소들은 영업에 반드시 필요한 것들이다.

　하지만 이보다 더 중요한 것이 하나 있다. 그것은 바로 자신이 판매하려는 상품 그리고 서비스에 대한 영업사원 스스로가 가지는 '자신감'이다.

모든 제품과 서비스에는 본연의 가치가 들어있다. 우리 영업사원들은 그 상품에 내재된 가치를 고객에게 전달함으로써 고객의 삶을 좀 더 편안하게 만들어 주고 고객의 인생이 보다 더 아름다워지도록 도와준다. 또한 고객에게 시간적 여유를 선물하기도 한다. 이렇게 영업사원들은 각종 제품과 서비스의 가치 전달을 통해서 고객의 삶이 조금 더 건강하고 윤택해지도록 돕고 있다.

그렇다면 영업사원은 고객을 만나기 전에 어떤 준비를 해야 할까?
첫째, 영업사원은 자신이 판매할 제품과 서비스를 직접 체험해 보아야 한다. 자신이 직접 고객의 입장이 되어서 제품을 사용하면서 그 제품과 서비스에 내재된 가치를 직접 전달받았을 때의 느낌을 체험해야 한다.

만약 고객의 입장에서 자신이 판매할 제품과 서비스를 체험해 보았을 때 만족스럽지 못하거나 불필요하다고 느꼈다면 그 제품을 고객에게 적극적으로 어필할 열정을 느끼지 못할 것이다. 나 자신도 만족하지 못하는 것을 어찌 남에게 권할 것인가? 그렇기 때문에 영업사원들은 고객을 만나기에 앞서 자신이 판매할 제품과 서비스를 직접 체험하고, 그 체험을 통해 스스로 자신이 판매할 상품과 서비스에 대한 자신감을 채워넣어야 한다.

제품과 서비스에 대해서 스스로가 만족한다면 영업 활동 시에 상품에 대한 자신감이 마음에 자리잡게 되고, 자신감은 강력한 설득의 눈빛과 말을 통해 고객에게 전달될 것이다. 고객은 그 누구라도 영업사원을 통해 제품의 매력을 전달받게 될 것이고, 나아가 입소문을 통해 주위 사람들에게까지 영향을 미치게 된다.

둘째, 영업사원은 자신이 판매할 제품과 서비스의 가치를 이성적으로 또는 감성적으로 판단하고 양심적으로 저울질해야 한다. 자신의 상품이 고객에게 또는 사회에 피해를 주거나 해를 입히는 요소를 포함하고 있다면

그 상품은 절대 판매해서는 안 된다. 영업에 성공해서 그 상품을 많이 판매하면 할수록 영업사원 스스로 감당할 수 없는 죄책감에 시달릴 것이기 때문이다. 또한 그 상품이 많이 판매될수록 고객, 사회 그리고 인류에게 해악을 끼치게 되고 고객의 삶을 윤택하게 만들겠다는 의지와는 반대쪽으로 치닫게 될 것이다.

영업의 방법론과 태도를 거론하기에 앞서 영업사원들은 자신이 판매할 제품과 서비스를 직접 체험해 보면서 스스로 그 상품에 대한 자신감과 자부심을 마음 가득 채워야 한다. 그 상품이 고객에게 조금이라도 해가 되는 것이라면 절대로 판매해서는 안 된다. 그것이 내가 지금 다니고 있는 회사 또는 기업의 제품이라고 하더라도 고객에게 해악을 끼치는 가치를 내재하고 있다면 그 제품의 해악에 눈감아서는 안 된다. 이것이 영업인의 양심이며, 영업에서 가장 중요한 포인트다.

07.
미소는 강력한 영업의 무기다

　미소는 성공과 상관관계가 있을까? 수많은 연구자들이 미소를 짓는 사람들이 그렇지 않은 사람들보다 개인적, 조직적 차원에서, 그리고 직장 생활이나 다양한 사회적 관계에서도 성공할 가능성이 높다는 것을 증명해 냈다. 여기에서는 긍정적 마인드와 영업의 성공은 어떠한 상관관계가 있는지 집중적으로 살펴보도록 하겠다.

　필자는 국제 비즈니스 관련 직업에 종사하고 있기 때문에 세계 각국의 바이어들을 만나볼 기회가 많았다. 종종 러시아 바이어들을 만날 기회가 있는데, 러시아 사람들은 사람을 처음 만나거나 이미 구면이라 할지라도 마음을 터놓지 못한 상대에게는 쉽게 얼굴에 미소를 짓지 않는다. 국제 무역에 종사하는 사람들 대다수가 처음 만나 미팅을 진행하거나 만남이 어색한 경우에는 서로 미소를 띠우며 분위기를 개선하려고 노력하는 경향이 있는 것과는 반대다. 러시아 사람들은 아주 어린아이 때부터 그들의 할아버지 그리고 아버지에게 이렇게 교육을 받고 자란다고 한다.

"심장에서 느끼는 감정 그대로를 얼굴에 표현하라!"
"절대 거짓 미소를 얼굴에 담지 마라!"
"비즈니스를 위한 목적으로 미소를 짓지 마라!"
"아메리칸 스마일을 얼굴에 담지 마라!"

이런 러시아인들의 반미 감정 가득한 독특한 문화적 특성 때문에 처음 러시아 바이어를 만나러 간 사람들은 미팅 자리에서 문화적 충격을 경험하곤 한다. 해맑은 미소와 함께 반갑게 환대하는 우리의 모습을 그들은 경계심 가득한 표정으로 매우 건조하게 바라보기 때문이다.

다른 예를 하나 더 들어보겠다. 우리는 종종 거리에서 환한 미소를 띠며 우리에게 다가오는 사람들을 목도하곤 한다. 그들은 우리의 얼굴빛이나 영혼의 맑음을 이야기하거나 조상님들을 거론하면서 우리에게 다가온다. 끈질기게 접근하는 그들을 떨쳐내는 데 상당히 애를 먹었던 기억들이 다들 한 번쯤은 있을 것이다. 뇌는 이런 경험과 기억을 통해 우리에게 맹목적으로 미소를 지으며 다가오는 사람들을 경계하라고 명령을 내린다.

이렇게 상대의 환대를 불쾌하게 받아들이는 경우도 있고, 심지어 숨겨진 목적을 의심하면서 경계하는 태도를 취하는 경우도 있다. 하지만 서두에서 이야기한 것처럼 얼굴에 미소를 띤 사람이 그렇지 않는 사람들보다 성공할 확률이 높다는 것에는 이견이 없다.

영업에 성공하기 위해서는 고품질의 상품이 있어야 하고, 그 상품의 가치를 전달할 영업사원과 최종적으로 구매를 결정할 고객이 있어야 한다. 이 세 가지 요소가 첫 만남이라는 환경에 놓이게 된다.

첫인상이 사람 사이의 관계에서 얼마나 중요한 역할을 하는지는 따로 말하지 않아도 잘 알고 있을 것이다. 한없이 낯설고 어색한 상황에서 우리는 상대에게 좋은 첫인상을 주어야 한다. 딱딱하게 굳어 있는 얼굴보다야 편안한 미소가 가득한 얼굴이 좋은 첫인상을 줄 것이라는 것은 명백한 사실이다.

고객도 사람이기 때문에 호감을 느낀 사람의 말에 좀 더 집중하기 마련이다. 같은 이야기를 하더라도 호감을 주는 멋진 영업사원이 소개하는 상품에 더 매력을 느끼게 된다. 영업사원의 편안하고 아름다운 미소는 영업사원에게는 매우 중요한 무기가 된다.

하지만 서두에서 예로 들었던 러시아 바이어들의 경우를 반드시 염두에 두어야 한다. 미소로 상대방에게 좋은 인상을 주는 것도 중요하지만 거짓된 표정이 아닌 진심 어린 미소만이 상대방을 설득할 수 있다는 사실을 잊어서는 안 된다. 그렇다면 진심 어린 미소는 어떻게 만들어 낼 수 있을까? 진정으로 아름다운 그리고 멋진 미소는 영업사원의 진심으로부터, 즉 마음에서 비롯된다. 영업사원의 몸과 마음이 불편한 상황에서 애써 만들어낸 얼굴에는 진정한 아름다움과 멋이 자리잡지 못한다. 그 미소야말로 러시아인들이 그렇게 싫어하고 경계하는 비즈니스를 위해 만들어진 가장된 미소이다.

그렇다면 진정한 미소를 만들어내기 위해서는 어떻게 해야 할까?

첫째, 건강한 몸에 건강한 마음이 깃드는 법이다. 고객과의 미팅을 앞두고 전날 너무 무리하게 술자리를 새벽까지 끌고 간다든지, 감기가 걸린 상태에서 무리하게 필드 영업을 진행한다든지 해서는 안 된다. 건강한 몸과 마음을 유지하고 관리하는 것이야말로 영업사원의 기본이다.

둘째, 상대를 이해하고 배려하려는 태도가 필요하다. 의도되고 학습된 일시적인 배려적 행동이 아니라 오랜 시간 단련되고 습관화된 몸에 밴 습관처럼 자연스럽게 태도가 발현되어야 한다.

셋째, 긍정적인 마음이 필요하다. 힘겨운 일상과 반복되는 업무 스트레스로 불편하고 마음이 상한 상태에서는 긍정적인 마음을 유지하기가 어렵다. 영업사원들은 저마다 자신에게 알맞은 방법으로 항상 긍정적인 마음을 유지할 수 있도록 노력해야 한다.

이렇게 중요한 세 가지 요소, **건강한 몸, 친절한 태도 그리고 긍정적인 마음**이 영업사원에게 자신감 넘치는 진정한 미소를 만들어 준다. 그리고 진심 어린 미소는 러시아인들의 의심의 경계마저도 무너트릴 것이다. 누구도 의심하지 않을 진심 어린 미소를 만들어 낼 수 있다면 영업이 성공할 확률은 크게 올라간다. 이렇듯 미소와 성공은 상당히 높은 상관관계에 있다.

오늘도 웃으면서 하루를 시작해 보자.

Chapter 2
고객과의 밀당

영업의 본질은 사람과 사람 사이의 연결이다. 아무리 기술이 발달하고, 효율이 중시되는 시대라 하더라도 고객과의 관계는 언제나 '사람다움'이라는 감정의 바탕 위에 놓여 있다. 우리는 종종 고객을 수치나 계약서로만 인식하려는 유혹에 빠지기도 한다. 하지만 그 이면에는 자신만의 삶을 살아가는 한 인간이 있다. 이 장은 그 인간적인 온기와 감정, 공감과 신뢰로 이어지는 여정에 대해 이야기하려 한다.

고객의 삶에 귀 기울이는 일, 그들의 감정 곡선을 따라 함께 움직이는 일은 단순히 영업 활동을 넘어서는 우리의 태도이며 자세다. 고객의 관심사에 진심을 담아 반응하고, 그들과의 진동 파장을 맞추어가며 신뢰를 쌓는 것. 이것이야말로 단기적인 매출을 넘어 장기적인 관계를 만들어가는 영업의 진수다. 우리는 고객의 불만을 다룰 때에도 단순한 사과나 보상 이상의 정서적 교감으로 응대해야 하며, 환대의 철학을 일상적인 영업 활동 안에 자연스럽게 녹여내야 한다.

이 장에서는 공감과 감정의 공유, 그리고 관계를 지속하는 섬세한 태도에 대해 깊이 있게 다룬다. 고객의 선택에는 언제나 이유가 있으며, 그 이유를 헤아리고 맞이하는 우리의 마음이야말로 진정한 경쟁력이 된다. 고객이 우리를 선택할 수 있는 충분한 근거를 주기 위해, 우리는 단순한 영업사원이 아닌 동행자가 되어야 한다.

우리의 방문이 그저 한 차례의 계약을 위한 만남이 아닌, 고객의 삶에 온기를 더하는 하나의 사건이 되기를 바란다. 고객과 함께 숨 쉬고, 함께 웃고, 함께 나아가는 이 여정에서 우리가 남길 수 있는 가장 큰 유산은 결국 '기억'일 것이다. 그 기억이 곧, 다시 선택받는 이유가 된다.

"고객과의 거리는 숫자가 아니라, 마음으로 잰다."

01.
영업사원에게 고객은 어떤 존재인가

마감을 앞둔 영업부 회의를 들여다보자.

"2명만 더. 이번 달 마감을 위해 남은 2주 동안 두 명의 고객을 더 채워야 한다."

"5건의 수주를 이번 달 말까지 더 받아내야 한다. A가 펑크낸 할당량을 B와 C가 분담해서 채워 넣는다."

"우리 팀 이번 달 전체 마감 수주가 20건인데, 이제 3건 남았습니다. 조금 더 힘을 내서 고객 3명만 더 찾아봅시다."

이렇듯 우리 영업사원들은 모든 실적을 수치화한다. 그래서 고객은 그 목표를 이루기 위한 마감 매출 또는 계약 건수 속의 숫자로 환산되고 실적을 위한 수단으로 전락한다.

"김 대리 담당구역에서 이번 달 실적이 20%나 빠질 것 같은데, 어떻게 마무리하려고 그래?"

"20%를 채우려면 두 명이나 더 계약을 따내야 하는데. 어떻게든 고객들을 만나 설득이라도 해 보지?"

김 대리는 마감을 위해 다급한 마음으로 고객을 만나 이런 저런 사정을 해 보지만 결국 계약을 따내지 못한다. 이제 정말로 마감일이 며칠 남지 않았다. 김 대리는 다시 전화기를 돌려본다. 많은 고객들에게 동일한 내용의 단체 메시지 또는 카톡도 남겨본다.

"고객님 한 번만 만나 주실 수 있을까요? 잠깐이면 됩니다."

다방면으로 시도를 해 보고, 사정도 해보지만, 결국 마감 숫자를 채우지 못한다. 김 대리는 팀장으로부터 실적 미달에 대한 핀잔을 받았고, 부족한 마감 숫자는 영업사원 B와 C의 실적을 빌려와 채워 넣는다. 고객에 대한 서운한 감정과 원망은 점차 커져만 갔다. 고객은 김 대리에게는 자신에게 부여된 할당량을 구성하는 하나의 숫자에 불과하다.

고객은 이미 영업사원들에게 실적을 구성하는 숫자로 전락해버렸다. 고객을 바라보는 마음이 이렇다 보니 영업사원들은 고객 방문을 점점 어렵게 느낀다. 고객을 대면하는 일도 너무 힘들게만 느껴진다.

고객 방문이 어렵지 않는 영업사원이 있을까? 그리고 고객 상담의 공포를 줄이고, 고객에 대한 진정성을 높이는 방법에는 무엇이 있는가? 그리고 어떻게 준비해야 하는가? 이 부분이야말로 영업적 비법이나 전략으로는 해결되지 않는다. 진심으로 고객을 귀하게 여기는 마음을 키워야 한다. 단지 그것뿐이다. 그럼 어떻게 해야 고객을 귀하게 여길 수 있단 말인가?

창틀에 뽀얗게 내려앉은 먼지를 자세히 살펴보자. 정말 쓸모없어 보이는 이 먼지도 고이 모아 밖의 화단이나 앞뜰에 내려놓으면 화초나 나무의 뿌리를 받쳐주는 든든한 토양이 되어준다. 길가에 굴러다니는 자갈도 발에 치여 한없이 불편하고 쓸모없이 보이지만 공사 현장에서는 든든한 건축, 토목 공사의 소중한 재료가 된다. 이렇게 세상에는 불필요한 것들은 하나도 없다. 이 우주에 있는 모든 물질들은 존재의 이유가 있고 그 목적이 있다.

다이아몬드가 귀한 대접을 받은 이유가 뭘까? 광물의 관점에서 바라보면 탄소로 구성된 투명한 결정체로 지구에서 가장 단단한 광물이다. 투명한 아름다움을 가지고 있어서 귀하게 여겨지는 것인가? 아니면 가장 단단한 광물이어서 귀한 것인가? 이유는 얼마 전까지 다이아몬드는 희귀성이 매우 높은 광물이었기 때문이다.

유명 브랜드의 한정판 명품백을 예로 들어 보자. 전 세계에 딱 5개밖에 없는 명품백이라면 희귀성은 매우 커지고 가격은 하늘을 치솟는다. 앞에서 이야기한 먼지나 자갈보다 다이아몬드가 더 드물고 희귀하기에 그 가치를 더 인정받았던 것이다. 최근 합성 다이아몬드가 등장하면서 다이아몬드 가격이 하락에 하락을 거듭한 것은 더 이상 다이아몬드가 희귀한 광물이 아니기 때문이다.

그렇다면 지금 내 앞에 있는 고객은 어떠한가? 우주에 단 하나밖에 없는 유일무이한 존재이다. 희귀성으로 따진다면 그 가치를 따질 수도 없을 만큼 드물고 귀한 존재인 것이다.

많은 사람들이 필자에게 이런 질문을 한다.

"영업이 힘들지 않나요? 사람 상대하는 것이 어렵지는 않나요? 고객 대응하는데 스트레스는 없나요? 어떻게 그렇게 오랜 시간 동안 참고 영업 일을 지속해 낼 수 있나요?"

나의 대답은 매우 단순하다.

"이 세상에 하나밖에 없는 귀한 존재를 만나는 일인데 어떻게 설레지 않을 수 있겠습니까? 그리고 만남을 거듭하면서 그 희귀한 존재의 삶의 이유와 목적을 하나씩 알아가는데 얼마나 흥미롭지 않겠습니까? 거기에다 제가 소개한 상품의 가치가 우주에 유일한 존재에게 전달되는데 어떻게 기쁘지 않을 수 있겠습니까? 그리고 이런 가치 전달을 통해 고객이 이루고자 하는 목표에 일조한다면, 그 또한 얼마나 큰 행복이겠습니까? 그리고 그 쓰임의 방향이 인류 전체를 위한 선한 영향력으로 작용한다면 그 기쁨과 행복은 더욱더 커질 것입니다."

그제서야 질문한 그들도 고개를 끄덕인다. 이렇게 고객은 숫자에서 귀한 존재로 환원된다. 어렵고 두려운 존재에서 우주에 오직 하나밖에 없는 소중한 존재가 된다. 그 귀한 존재와의 만남에는 언제나 설렘과 행복이 있다. 그리고 내 제품과 서비스의 가치를 사용할 그 고객의 긍정적인 가능성은 많은 이들에게 큰 이익과 선한 영향력을 가져다준다. 고객을 바라보는 영업사원의 마음은 인류의 삶을 윤택하게 바꿔 줄 촉매가 된다. 이것이 바로 고객을 바라보는 영업사원의 마음이다.

02.
고객의 삶에 공감하라

여행지의 황홀한 대자연 앞에서 우리는 생각에 잠긴다. 눈앞에 펼쳐진 풍경이 너무나 아름다울 때, 우리는 혼자 감상하는 것이 아쉽다. 최고의 음식을 맛볼 때도 마찬가지다. '같이 왔으면 좋았을걸', '같이 먹었으면 얼마나 좋았을까.' 좋은 감정은 본능적으로 누군가와 나누고 싶어진다. 그래서 우리는 누군가에게 그 감정을 이야기하고, 전하고, 기록한다. 좋은 일이 있으면 그 기쁨을 두 배로 나누고 싶어 하고, 괴롭고 속상한 일이 있으면 그 고통을 반으로 줄이고 싶어 한다. 기쁨은 나눌수록 커지고, 슬픔은 나눌수록 옅어지는 것이 인간이다.

고객도 마찬가지다. 좋은 일이나 나쁜 일, 억울한 일이나 기쁜 일, 이런 다양한 감정의 결을 혼자 삼키지 않고 누군가와 나누고 싶어 한다. 그리고 이 감정을 함께 나누는 사람이 바로, 그 고객과 감정의 유대를 형성한 영업사원일 수 있다. 그런데 문제는 많은 영업사원이 이 유대의 시간의 시간이 가지는 의미를 망각한다는 것이다. 고객의 감정에는 관심을 두지 않은 채, '이번 마감에 이 고객이 계약할 가능성은?'이라는 질문만 머리에 품고, 무미건조한 전화와 메시지를 반복한다. 고객의 삶 속으로 스며들기보다는 실적에만 급급한 메시지를 남기고는 또 다른 고객을 향해 떠난다.

우리는 여기서 멈추어 다시 물어야 한다. 이 한 통의 전화, 이 한 줄의 카카오톡 메시지에 담긴 나의 마음은 무엇인가? 고객의 입장에서 그것은 위로인가, 아니면 압박인가? 고객은 이미 알고 있다. 지금 이 영업사원이 나에게 원하는 것이 무엇인지를. 그러니 구매의사가 당장 없을 때, 영업사원의 전화는 부담일 수밖에 없다. 고객은 영업사원의 눈치를 본다. 그리고 시간이 지나면 결국 전화번호부에서 그 이름을 지워버린다. 부담이 관계를 파괴하는 것이다.

그래서 우리는 방향을 틀어야 한다. 목적을 내려놓은 진심 어린 안부 전화. 그것이 관계의 온도를 유지시킨다. 생일, 명절, 첫아이 입학, 날씨가 풀리는 날, 갑자기 눈이 온 날…. 이 모든 하루는 고객의 삶 속에 들어갈 수 있는 기회다. 그저 안부를 묻고, 잠깐이라도 대화를 나누고, 때로는 아무 말 없이 들어주기만 해도 된다. 고객은 자신의 삶을 함께 기억해 주는 존재에게 마음을 연다. 친구처럼 말이다. 가끔은 제주도 출장 중에 생각이 나서 전화를 걸었다는 말 한마디면 충분하다. 목적 없이 순수하게, 온기를 나누기 위해 걸려온 전화는 고객의 마음을 녹인다.

고객의 삶은 단순히 계약과 거래의 대상이 아니다. 그것은 누군가의 생애, 누군가의 기쁨과 슬픔이 겹겹이 쌓인 이야기다. 이 이야기를 함께 들어주고, 공감하고, 축하해 주고, 위로해 주는 것. 그 시간이 쌓여야 진짜 신뢰가 만들어진다. 제품이나 조건이 아닌, 마음으로 얽힌 관계가 계약의 문을 연다.

언젠가 고객의 조건이 충족되는 날이 온다. 그리고 그날, 당신은 고객의 마음속에 남은 단 한 사람으로 기억될 것이다. 왜냐하면, 당신은 애써 팔려고 하지 않았고, 그저 함께 있었기 때문이다.

"공감은 거래보다 오래 남는다."

03.
고객과 마음의 진동을 공유하라

영업 현장에서 감동을 이끌어내는 사람은 무엇이 다를까? 경험 많은 영업사원들은 고객의 겉으로 드러난 요구를 넘어서, 그 이면에 감춰진 욕구와 감정을 읽어낸다. 계약이라는 명확한 목적지까지 가려면 단순히 조건을 맞추는 것만으로는 충분하지 않다는 사실을 그들은 이미 체화하고 있다. 반면 아직 초보 단계에 있는 영업사원은 고객이 요구하는 조건을 충족시키는 데에만 집중하며, 상대의 내면에 있는 더 깊은 동기나 관심사는 인식조차 하지 못하고 지나치곤 한다. 이 차이는 결국 결과에서 드러난다. 진짜 고수는 '정보'를 파악하는 데 머무르지 않고, '공감의 공명'을 만들어 내는 데 집중한다.

고객과의 대화에서 드러나는 말 속에는 계약 조건이나 스펙과 같은 객관적인 정보 외에도, 고객의 현재 관심사나 상황, 그리고 아직 말로 꺼내지 못한 문제점들이 숨겨져 있다. 다만 고객은 쉽게 이 모든 것을 털어놓지 않는다. 그래서 고수들은 먼저 신뢰를 쌓고, 그 신뢰 위에서 서서히 관심사를 묻고, 그 대답을 경청하며, 메모하고 기억해 낸다. 그것은 단순한 정보 수집이 아니라 진심 어린 교류의 시작이다. 고객이 좋아하는 영화, 자주 가는 장소, 건강, 자녀에 대한 이야기까지…. 이런 세세한 것들을 알아두고 공유하는 과정에서 두 사람 사이에는 진동하는 감정의 파장이 생긴다. 이 파장은 이해와 공감으로 진동하며 관계를 더 깊게 만들고, 비즈니스의 외피를 벗겨 서로의 삶이 조금씩 닿는 지점을 만들어 낸다.

이런 공명은 자연스레 더 깊은 이야기를 허용한다. 가족 이야기로 넘어가고, 자녀의 대학 입시나 부모님의 건강 이야기, 혹은 슬프고 민감한 이슈들도 서서히 공유하게 된다. 이처럼 개인의 사적인 영역까지 닿게 되는 순간, 고객은 영업사원을 단순한 상품 전달자가 아니라 삶의 언저리에서 함께 걷는 사람으로 받아들이게 된다. 그래서 영업 고수는 고객의 성격에 따라 직접 묻기도 하고, 책상 위의 사진, 벽에 걸린 상장과 트로피, 취미 관련 소품 등을 통해 간접적으로 접근하기도 한다. 그 안에는 고객의 세계가 고스란히 담겨 있기 때문이다.

그리고 관계가 무르익으면, 고수는 고객이 겉으로 드러내지 않았지만 사실은 깊이 고민하고 있는 문제를 읽어낸다. 때로는 말로 표현되지 않고 단지 표정이나 행동의 결에서 느껴지는 감정의 흔적들, 혹은 반복되는 상황 속에서 드러나는 미묘한 피로의 언어를 감지해 낸다. 그때 고수는 친구처럼 묻는다.

"요즘 많이 힘드신 것 같아요."

그렇게 꺼내어진 고통은 비로소 두 사람 사이에 놓이게 되고, 그 감정을 함께 들여다보는 시간은 곧 영혼의 파장이 맞물리는 순간이 된다.

문제를 다 해결하지 못하더라도 괜찮다. 중요한 것은 영업사원이 문제를 외면하지 않았다는 것, 그리고 그 문제를 나누고 싶어 했고, 해결하기 위해 끝까지 고민했다는 사실이다. 이 마음은 고객에게 무형의 빚으로 남는다. 감정의 잠재적 채무라 할 수 있는 이 깊은 유대는 그 어떤 프로모션이나 가격 조건보다 강력한 힘을 발휘한다. 그것은 신뢰이고, 신뢰는 결국 결정의 손길을 움직이는 가장 섬세한 동력이다.

고수는 여기서 한 걸음 더 나아간다. 고객조차 인지하지 못하는 문제까지 예측하고 준비한다. 겨울이 오기 전 타이어를 바꾸어야 한다고 말해주고, 장마철 전에 와이퍼를 바꾸라고 조언한다. 엔진오일의 주기를 기억해 주는 것처럼, 고객의 삶에 필요한 작은 배려를 실천한다. 그것은 단순한 관리가 아니라, 사랑의 표현이다. 그래서 고객은 그 영업사원을 절대 잊지 못한다.

이 모든 과정은 하나의 중심으로 수렴된다. 고객의 관심사에 진심으로 관심을 가지는 것. 그리고 그 마음을 말이 아닌 행동으로 꾸준히 보여주는 것. 그것이야말로 영업이라는 이름으로 연결된 두 존재 사이에서 공유 진동 파장을 형성하는 본질적인 방식이다.

"공감은 마음의 공명이고, 진정한 연결은 진동처럼 느껴진다."

04.
영업의 근원에는 사랑이 있다

　사랑은 모든 관계의 시작이다. 사랑은 설명할 수 없는 힘이다. 그것은 시간과 공간을 무너뜨리고, 사람의 마음을 움직이며, 행동하게 한다. 우리가 지쳐 쓰러질 때조차, 사랑은 우리를 다시 일으켜 세운다. 아버지는 딸의 늦은 귀가를 기다리며 골목길을 오간다. 한밤중의 어둠보다 혹시나 하는 불안이 더 크기 때문이다. 걱정이라는 이름의 사랑을 입고, 묵묵히 아이의 귀가를 기다린다. 엄마는 군대 간 아들이 보내온 첫 편지를 읽으며 눈물을 쏟는다. 그 편지 속에 담긴 낯선 글씨, 군복 냄새, 햇볕에 그을린 피부를 상상하며 아들은 더 이상 어린아이가 아니라는 사실을 알고 있음에도, 여전히 보호해 주고 싶은 존재라는 사실을 동시에 느낀다. 그녀는 그날도 식탁 앞에 앉아 두 손을 모으고, 아들의 안녕을 위해 기도한다. 이처럼 사랑은 걱정하고 기다리는 일이다.

　사랑은 또한 달려가는 일이다. 안산에서 일하는 김 대리는 매일 퇴근길마다 파주로 향한다. 2시간이 넘는 길을 운전하면서도 힘든 줄을 모른다. 연인을 만나러 가는 길이라 오히려 콧노래를 흥얼거린다. 힘든 하루의 끝에서, 김 대리는 연인을 만나 밥을 먹고 커피를 마시며 대화를 나눈다. 다시 2시간을 달려 집으로 돌아오고, 새벽 2시 45분이 되어서야 잠이 든다. 그러나 육신의 고단함을 기쁨이 감싼다. 사랑은 그렇게 피곤해도 웃게 하는 일이다.

부자들도 사랑을 안다. 그들은 돈을 단순한 수단이 아니라 친구처럼 대한다. 돈에게 말을 건네고, 귀 기울이고, 배려한다. 쉽게 흘려보내지 않으며, 들어온 돈은 곁에 오래 머물게 한다. 인격을 부여한 돈과의 관계 속에서, 그들은 애정과 책임을 동시에 배운다. 사랑은 그렇게 존중하고 머무는 일이다.

성공한 이들은 그들이 원하는 것을 사랑한다. 목표를 생생하게 떠올리고, 그 이미지에 진심으로 몰입한다. 부족한 것을 채우고, 해야 할 것을 준비하며, 때로는 절망의 문턱까지도 감내한다. 그러나 그들은 포기하지 않는다. 그 마지막 성공의 순간을 미리 사랑하기 때문이다. 사랑은 그렇게 미리 끌어당기고, 미리 함께 가는 일이다.

이 네 가지 이야기는 전혀 달라 보이지만, 하나의 흐름으로 귀결된다. 바로 사랑이다. 부모와 자식, 연인과 연인, 사람과 돈, 인간과 성공. 이 모든 관계를 가능하게 한 것은 사랑이라는 본능이며, 힘이며, 본질이다.

영업도 다르지 않다. 고객과의 관계를 생각하며, 우리는 이 사랑의 방식을 다시 떠올려야 한다. 아빠처럼 걱정하고, 엄마처럼 기도하고, 연인처럼 찾아가고, 부자처럼 아끼고, 성공을 갈구하듯 고객을 그리워해야 한다. 고객을 그렇게 사랑하면 된다. 그러면 고객은 어느새 우리의 가족이 되어주고, 연인이 되어주고, 친구가 되어주며, 성공이라는 기쁨까지 함께 나누게 될 것이다. 영업은 결국 사랑의 다른 이름이다. 거창한 기법도, 화려한 기술도 결국 이 본질을 넘어서지 못한다.

"사랑하지 않고는 어떤 관계도 오래가지 않는다.
고객과의 관계도 예외는 아니다."

05.
고객의 분노에 진정성있게 다가가라

우리는 화를 내는 사람들을 종종 만난다. 핸드폰 서비스 센터에서, 주민 센터 민원창구에서, 심지어는 편의점의 계산대 앞에서도. 그러나 정작 그들의 화가 시작되는 지점을 제대로 들여다보는 사람은 드물다. 신입 상담 직원들은 이런 상황에서 우왕좌왕하거나, 감정의 압박을 견디지 못하고 상담 공간을 벗어나 화장실로 숨는다. 조금 경험이 쌓인 직원들조차도 종종 화를 화로 되받으며 일을 걷잡을 수 없이 키운다. 누군가는 감정에 휘말리고, 또 누군가는 그 감정의 깊이를 읽지 못한다.

하지만 고객이 첫 대면부터 고함을 지르지는 않는다. 조용히, 어쩌면 예의를 갖춘 채 본인의 이야기를 털어놓았을 지도 모르다. 문제는 그 이야기가 '상대에게 제대로 전달되지 않을 때'부터 시작된다. 대화가 반복될수록 얼굴은 굳어지고, 팔짱을 끼거나 시선을 피하다가 어느 순간 자리를 박차고 일어난다. 목소리는 높아지고 손은 허공을 가르며, 표정은 붉게 달아오른다. 감정은 '지속적인 거부'의 결과로 서서히 쌓이다가 한 순간에 폭발한다.

고객의 감정은 세 단계를 거쳐 진화한다. 처음은 불만이다. 기대했던 가치가 전달되지 않았을 때 생기는 감정이다. 다음은 불평이다. 불만을 해결하려는 시도가 받아들여지지 않거나, 인정받지 못했을 때 나타난다. 마지막은 분노다. 불평의 감정조차 받아들여지지 않았다는 깊은 좌절감이 폭발할 때, 사람은 그 모든 감정을 격렬하게 쏟아낸다. 이 감정의 순차적 흐름속에서 가장 결정적인 분기점은 '인정'이다. 그리고 그 인정의 타이밍을 놓치면, 분노라는 감정은 반드시 찾아온다.

그렇다면 우리는 어떻게 해야 하는가? 해답은 간단하다. 불만의 단계에서부터 진심으로 고객을 대하면 된다. 고객이 느낀 부족함, 상처, 손해에 대해 먼저 '정확히' 이해하고, '조용히' 받아들이며, '명확히' 반응하는 것이다. 그가 말한 내용을 종이에 적고, 시스템에 입력하고, 그 내용을 다시 한번 확인하며 "고객님 말씀 이렇게 정리하면 되겠습니까?"라고 묻는 것. 단순한 행위 같지만, 이는 고객의 감정을 '거부하지 않겠다'는 가장 강력한 메시지가 된다.

하지만 때로는 그 인정 이후에도 불평으로 감정이 진화할 수 있다. 이때 중요한 것은 '공감'이다. 고객의 상황, 맥락, 지금까지의 감정을 그대로 품어주는 것이다. "많이 속상하셨죠?" "그런 상황이면 저라도 불편했을 것 같아요." 이런 말은 고객을 설득하기 위한 수단이 아니라, 그가 느낀 감정을 함께 짊어지는 동행의 표현이어야 한다.

그리고 만약 분노의 단계에까지 이르렀다면, 그 순간에는 말보다 진심이 담긴 사과가 우선되어야 한다. "이용에 불편을 드려 정말 죄송합니다."라는 말은 형식적인 사과가 아니라, 감정을 끝까지 함께한 사람만이 꺼낼 수 있는 결론이어야 한다. 그리고 나서 차분하게 문제 해결을 위한 현실적인 조치를 하나씩, 신중하게, 구체적으로 안내해 나가야 한다. 해결의 실마리는 감정을 껴안은 이후에야 비로소 설득력을 얻는다.

영업사원도 마찬가지다. 고객의 불만을 경청하고, 그 이야기를 정확히 요약해 재확인해 주는 것부터가 시작이다. 그 순간, 우리는 고객에게 "당신을 거부하지 않겠습니다."라고 조용한 약속을 건네는 것이다. 그 이후에야 고객은 마음을 연다. 그리고 그 마음은 인정 위에 놓인 신뢰라는 이름의 다리를 놓는다. 반대로 그 타이밍을 놓친다면 인정 대신 거부가 전해지고, 거부는 곧 감정의 불꽃을 일으키는 도화선이 된다.

우리의 역할은 고객의 감정을 통제하는 것이 아니라, 함께 겪고 동행하는 것이다. 그리고 그 동행의 첫 발걸음은 진정성 있는 인정이다. 그것이 곧 감정의 화산을 잠재우는 단 하나의 언어다.

"인정받는 순간, 사람의 마음은 다시 앉는다."

06.
가치보다 고객의 이익을 우선하라

고객은 단순히 물건을 사는 존재가 아니다. 그들은 자신이 필요로 하는 가치를 소유하기 위해 돈을 지불하며, 구매라는 행위는 본질적으로 '가치에 대한 교환'이다. 이때 고객이 찾는 가치는 실로 다양하다. 미래의 위험을 예방하는 것일 수도 있고, 현재 가지고 있는 것을 증폭시키는 것일 수도 있으며, 아직 경험하지 못한 즐거움을 창출하는 것이거나, 겪고 있는 문제의 해결책일 수도 있다. 기능적 효율성과 성능이라는 기술적 가치도 있고, 시간 절약, 비용 절감, 혹은 이미지 개선처럼 비가시적인 가치도 있다. 중요한 것은 이 모든 가치의 출발점은 고객의 필요와 이익이라는 점이다.

하지만 많은 영업사원들은 여전히 자신이 전달해야 할 가치를 중심에 두고 말한다. 교육받은 매뉴얼대로, 제품의 성능을 일방적으로 설명하고, 기능의 우수함을 반복해서 강조한다. 그 안에는 고객이 없다. 상품만 있다. 이때 영업은 설득이 아니라 주입이 되고, 고객은 냉랭한 반응을 보인다.

이를 잘 보여주는 사례가 있다. 강 대리는 골밀도 측정기를 판매하며, 제품이 지닌 '예방'의 가치를 강조한다. 미래의 골절 위험을 사전에 감지하고, 건강한 삶을 가능하게 한다는 설명은 매우 논리적이고 바람직해 보인다. 그러나 원장님은 그 설명에 별다른 반응을 보이지 않는다. 그것은 '좋은 이야기'일 뿐, 당장의 '이익'이 아니기 때문이다.

그에 비해 박 과장은 기능적 특장점에 집중한다. 스캔 속도, 외관 디자인, 터치 조작, LED 조명. 그는 제품의 매력 포인트들을 열거한다. 하지만 이 또한 고객의 현실적 관심, 즉 '이 장비를 통해 내가 얻을 수 있는 실질적 이익은 무엇인가?'에 대한 답이 되지 못한다.

반면 최 차장의 접근은 본질을 정확히 겨냥한다. 장비의 빠른 속도를 바탕으로 환자 수가 늘고, 수익 구조가 확장되며, 투자금 회수 시점이 짧아지고, 결과적으로 큰 경제적 이익을 남길 수 있다는 구체적 수치를 제시한다. 뿐만 아니라, 더 많은 환자를 조기에 예방해 국가적 보건 활동에 기여할 수 있다는 사회적 공헌 가치까지 함께 전달한다. 최 차장은 상품이 아니라, 고객의 목적과 열망을 이야기한 것이다. 그러므로 그의 설명은 단순한 제품 소개가 아니라, 고객의 결정에 정당성을 부여하는 설득이다.

가치 기반 영업 전략이란, 단지 제품의 기능을 전달하는 것을 넘어선다. 그것은 고객이 해당 제품을 통해 얻게 될 이익과 결과, 그리고 그것이 고객의 삶이나 비즈니스에 어떤 의미를 가지는지를 함께 설계하고 제안하는 것이다. 이익은 대부분 물질적이고 현실적이다. 하지만 그 이익이 사회적 의미, 대의적 가치와 연결될 때, 고객은 구매를 통해 '무엇을 얻는가' 뿐만 아니라, '누구로 기억되는가'를 선택하게 된다.

고객의 내면을 들여다보면, 그들은 단순히 돈을 벌고자 하는 것이 아니다. 효율적인 운영, 신뢰받는 기관으로의 성장, 삶의 질 향상, 그리고 타인에게 긍정적인 영향을 미치고 싶은 보편적 열망이 그 안에 있다. 고수의 영역에 발을 디딘 영업사원은 고객의 이익을 계산하고, 고객의 가치를 해석하며, 고객의 미래를 상상하게 해 준다. 그들은 말하지 않는다. 그저 보여줄 뿐이다. 고객이 눈으로 확인하고, 마음으로 느끼고, 머리로 이해한 그 가치야말로 진짜 설득의 힘이다.

가치 기반 영업은 결국 "이 제품이 왜 좋은가?"가 아니라, "이 제품이 어떤 이익을 주는가?"라는 질문에서 출발한다. 고객이 이익을 체감하고, 그것이 의미로 확장될 때, 그는 망설이지 않는다. 구매는 이성의 결정이 아니라 감정의 승인이라는 것을 우리는 다시금 확인하게 된다.

"가치를 이야기할 것이 아니라, 고객의 마음속에 그림으로 그려줘야 한다."

07.
선택을 기다리는 동안에도 고객과 함께하라

영업사원은 목적을 품고 움직이는 사람이다. 월말이면 더 또렷해지는 수치의 압박, 그 수치를 채우기 위해 고객을 찾아간다. 오늘은 계약을 따야 한다는 절박한 각오로 무장한 채 문을 두드린다. 그러나 그 강한 의지와 각오가 오히려 고객의 마음을 닫게 만드는 순간들을 우리는 너무 자주 마주한다. 왜일까? 고객은 언제나 준비되어 있지 않기 때문이다. 영업사원에게 준비되지 않은 고객의 마음은 거대한 벽이다.

특히 고가의 제품이나 복잡한 구조의 서비스일수록 고객은 선택과 판단을 위한 여유를 원한다. 시간적인 여유를 가지고 스스로 판단을 내리고자 한다. 자본, 공간, 운영 인력, 라이센스, 내부 보고 과정, 그리고 가장 중요한 경쟁사와의 비교. 이 모든 조건들을 종합적으로 고려한 후에야 고객은 결정을 내릴 수 있다. MRI나 CT와 같은 수십억 원의 장비를 구매해야 하는 병원의 원장이라면, 당연히 그 여정은 더 길고 신중할 수밖에 없다. 그럴 때 영업사원이 해야 할 일은 단순하다. 재촉하지 않을 것, 서두르지 않을 것, 고객의 곁에서 조용히 기다릴 것.

이때 중요한 건 두 가지다. 첫째, 고객이 구매를 결정하기까지 고민하는 동안 관계를 긴장시키지 않고 편안하게 유지할 것, 둘째, 경쟁사보다 고객과의 관계를 더 밀도 있게 만들어갈 것.

경쟁사를 직접 대면할 일은 별로 없다. 그러나 그들도 나처럼 고객 옆을 맴돌고 있다는 사실은 부인할 수 없다. 그렇다면 중요한 건 숫자 싸움이 아니다. 관계의 깊이, 신뢰의 밀도, 마음의 온도이다.

가랑비에 옷 젖듯, 고객은 영업사원의 정성과 배려에 천천히 젖는다. 고객이 의식하지 못하는 사이에, 영업사원의 작은 친절과 세심한 관심은 차곡차곡 쌓여간다. 영업의 초점은 상품이 아니라 사람이어야 한다. 고객이 말하지 않은 고충을 알아채고, 말하기 전에 필요한 것을 제안해주는 배려의 행위. 그것이 바로 '기다림'이라는 시간 동안 필요한 행동이다.

고객인 원장이 어린 시절 축구를 좋아했지만 의사가 되느라 운동에서 멀어졌다는 이야기를 들었다면, 가까운 축구클럽을 소개하고 조기 축구회 활동을 제안해 보자. 구매과장이 관절 통증으로 등산을 그만두었다면, 자전거를 대안으로 제안하고, 관련 동호회와 운동법을 함께 안내해 주자. 동호회 참여는 단순한 활동을 넘어서 새로운 인연을 만들고, 고객의 삶에 작은 기쁨을 창조하는 일이다. 그리고 그 기쁨 속에서 영업사원은 감사를 받는다. 마음속에 기억되는 존재가 된다.

고수는 여기서 멈추지 않는다. 자전거, 자물쇠, 헬멧, 장갑, 고글, 공기펌프, 체인오일…. 고객이 그 여정을 더 안전하게 누리고 즐길 수 있도록 필요한 물품과 정보를 미리 고민하고 제공해준다. 선물의 가격대가 아니라 미리 생각해 주는 마음이 중요하다. '나를 위해 고민해주는 사람'이 되었을 때, 고객은 영업사원을 단순한 판매자가 아닌 동반자로 받아들인다.

내 건강을 걱정해 주는 사람, 내 일상의 불편함을 알아차리고 조용히 도와주는 사람, 주말의 시간을 함께 보낼 수 있는 사람. 그 사람은 제품을 파는 영업사원이 아니라 친구다. 아무리 좋은 제안과 제품을 가진 경쟁사라도, 이런 정성과 신뢰의 관계를 단숨에 무너뜨릴 수는 없다.

보이지 않는 정성, 말하지 않는 배려, 쌀알 같은 시간과 마음들이 결국 고객의 '밥공기'를 채운다. 물은 99.99도에서 끓지 않는다. 100도를 만드는 마지막 0.01도의 열정, 그것이 바로 기다림의 힘이다.

"영업은 설득이 아니다. 곁에 머물며 마음의 온도를 함께 데우는 일이다."

08.
고객의 인간적 욕구를 충족시켜라

인간은 욕구로 움직이는 존재다. 그 욕구는 단순히 개인의 생존을 넘어서 타인과의 관계 속에서 실현되고, 충족되고, 때로는 무너진다. 미국의 심리학자 매슬로우는 인간의 욕구를 다섯 단계로 정리했다. 생리적 욕구, 안전의 욕구, 사랑과 소속의 욕구, 존경의 욕구, 그리고 마지막 자아실현의 욕구. 이 피라미드형 구조 속에서 인간은 끊임없이 위로 향하며 본인의 존재를 증명하고자 한다.

오늘 우리가 집중하고자 하는 건 이 중간의 세 단계, 즉 인간이 사회적 존재로 살아가기 위해 반드시 충족되어야 할 소속, 존경, 사랑의 욕구다. 생존은 국가가 어느 정도 보장해 주는 시대다. 반대로 자아실현은 너무 멀고 이상적이다. 그렇기에 실질적으로 우리가 일상에서 가장 갈구하는 것은 내가 어느 공동체에 받아들여지고 있는가, 누군가로부터 사랑받고 있는가, 그리고 존중받고 있는가이다.

이 질문들에 따뜻한 해답을 주는 것이 바로 '환대'다. 환대는 단순한 예의범절이나 접대의 기술이 아니다. 그것은 누군가를 향해 "당신은 이곳에 있어도 되는 사람입니다."라고 맞이하는 태도다. 환대에는 장소가 필요하고, 감정이 필요하고, 존중의 태도가 필요하다. 즉 누군가를 반갑게 맞이하고, 정성껏 대접하고, 존재 자체를 받아들이는 마음이 필요하다. 이것이야말로 소속의 욕구, 사랑의 욕구, 존경의 욕구를 동시에 충족시켜 주는 가장 강력한 힘이다.

외교 무대에서도 환대는 결정적이다. 비행기 계단을 내려오는 순간부터 펼쳐지는 열렬한 환영의 퍼포먼스는 단순한 의례가 아니다. 그것은 상대국 지도자에게 "당신은 이 땅에서 환영받는 존재입니다."라는 선언이며, 그 감정은 협상과 외교에 깊은 영향을 미친다. 연애도, 성공도, 영업도 다르지 않다. 누군가를 진심으로 환대했을 때, 그 사람은 마음의 문을 연다. 그리고 그 문은 쉽게 닫히지 않는다.

영업사원이 고객을 대할 때도 마찬가지다. 고객이 처음 우리 회사를 방문했을 때, 그 마음속에는 수많은 불안과 경계심이 함께 들어온다. 환대는 그 마음을 녹이는 따뜻한 햇살이 된다. 고객이 기대하지 않았던 세심한 배려, 먼저 건네는 안부의 말, 고단함을 알아채는 시선, 그리고 때로는 어색한 침묵 속에서 함께하는 시간. 이 모든 것이 환대다.

국제 전시장에서도 예외는 아니다. 하루 종일 구두를 신고 전시장을 누비는 바이어들의 피로는 상상 이상이다. 그들에게 필요한 것은 가격표가 아닌 숨 돌릴 자리이고, 계약 조건이 아닌 마음을 열 여유다. 부스 한 켠에 마련된 작은 의자와 시원한 음료, 그리고 "언제든지 쉬었다 가세요."라는 말 한마디. 이 환대는 제품 브로셔보다 훨씬 오래 기억된다. 다시 돌아오고 싶어지는 부스, 다시 만나고 싶은 사람. 그것이 바로 영업의 전환점이다.

고객을 환대한다는 것은 곧, 고객의 존재 자체를 존중하는 일이다. 그가 지금 무엇을 필요로 하는지, 어떻게 하면 덜 피곤하고, 어떻게 하면 더 편안해질 수 있는지를 고민하는 것. 작은 사탕 하나, 정중한 말 한마디, 따뜻한 눈빛 하나가 고객에게 사랑과 소속과 존경의 세 가지 욕구를 동시에 충족시켜 줄 수 있다면, 그 순간 우리는 이미 절반의 성공을 이룬 것이다.

환대는 전략이 아니다. 그것은 태도이며 정신이다. 눈앞의 이익을 위한 것이 아니라, 관계의 깊이를 위한 것이다. 그렇게 관계의 깊이를 쌓아 나갈 때, 고객은 결국 우리를 선택한다. 이유는 단 하나다. 그들이 가장 인간답게 대접받았던 순간, 우리가 거기 있었기 때문이다.

"고객의 마음을 여는 열쇠는 조건이 아니라 환대다."

09.
진심 어린 환대로 고객을 감동시켜라

사람은 누구나 상대를 감동시키고 싶어 한다. 사랑하는 연인, 소중한 가족, 그리고 비즈니스 파트너인 고객도 마찬가지다. 특히 영업사원이라면, 고객의 마음을 움직이고, 감동시키고, 결국 신뢰로 이어지는 관계를 만들어 내기 위해 날마다 최선을 다한다. 하지만 깊은 감동은 단순한 '노력'만으로는 줄 수 없다. 상대의 마음을 어떻게 바라보고, 어떻게 다가가며, 어떤 방식으로 머물 것인가가 중요하다.

심리학자 앨버트 메러비안의 연구는 감동의 본질을 흥미롭게 드러낸다. 그의 실험은 말의 '의미'보다 '어떻게 말하느냐'가 훨씬 중요하다는 사실을 증명해냈다. 그에 따르면 언어는 단지 7%, 목소리의 톤과 음색이 38%, 표정과 몸짓 같은 시각적 요소가 55%의 영향력을 발휘한다고 한다. 말은 진심을 담기에는 너무 약하고, 얼굴은 마음 상태를 그대로 드러낸다. 여기에 '태도'라는 요소까지 포함한다면, 우리는 7:38:55:220이라는 새로운 공식, 즉 '진심의 실천'을 위한 공식을 얻게 된다.

이처럼 감동은 기술이 아니라 태도에서 발현된다. 준비된 인사, 반가운 미소, 정중한 몸짓, 부드러운 눈빛, 이 모든 것이 합쳐져 상대의 마음을 따뜻하게 데운다. 바이어가 회사를 방문했을 때 진심 어린 환영의 제스처가 중요한 역할을 한다. 준비된 웰컴카드, 손을 맞잡는 따뜻한 악수, 포근한 안부인사, 그리고 때에 따라 가벼운 포옹까지. 이것은 의례가 아니라 메시지다. "당신을 환영합니다. 당신은 여기서 편안할 자격이 있습니다."

그 이후에도 영업사원의 친절함은 계속 이어져야 한다. 환대는 첫인사에서 끝나는 것이 아니라, 관계 전반에 걸쳐 유지되어야 한다. 바이어의 기쁨을 위한 노력도 중요하지만, 무엇보다 바이어의 '불편'을 먼저 살피고 해결해 주려는 자세가 더욱 중요하다. 감동은 즐거움보다도 먼저 고통과 불편을 덜어주는 데서 생겨나기 때문이다. 그리고 그 배려가 누적될 때, 상대는 더 이상 손님이 아니라 '신뢰할 수 있는 사람'으로 우리를 받아들인다.

바이어는 낯선 환경에서 홀로 긴 일정을 소화해야 한다. 언어도, 음식도, 문화도 익숙하지 않다. 그 속에서 나직한 한마디, 따뜻한 미소, 사소한 배려가 바이어에게는 잊을 수 없는 위로가 된다. 함께 걷는 길에서 어색한 침묵이 흘러도, 주기적인 소소한 대화를 건네는 것만으로도 마음의 장벽은 허물어진다. 관계는 말을 많이 해서 깊어지는 것이 아니라, 필요한 순간에 옆에 있어 주는 정성으로 단단해진다.

식사 자리도 예외가 아니다. 접대의 중심에는 반드시 고객이 있어야 한다. 우리가 준비하고 싶은 음식이 아닌, 고객이 편하게 먹을 수 있는 음식을 알아보고 준비해야 한다. 채식주의자에게 한우 불고기를 내민다면 아무리 고급 식당이라도 그것은 환대가 아니라 실례다. 고객을 배려하는 환대는

'나의 방식'을 관철하는 것이 아니라 '상대의 세계'를 존중하는 것이다.

작별 인사의 순간 역시 중요하다. 마지막 인사는 전체 여정의 마침표이자, 다음 만남을 예고하는 감정의 여운이다. 이때, 상대가 좋아하는 소소한 선물을 준비한다면, 우리는 그 마음에 오래도록 남게 된다. BTS를 좋아하는 손님이라면 한국 전통문화가 담긴 선물보다는 외국에서 구하기 힘든 BTS의 굿즈를 선물하는 것이 더 기억에 남을 것이다. 그가 진짜 좋아할 만한, '받고 싶은 선물'을 건네는 것. 이것이 바로 환대의 정수이며, 기억에 남는 영업의 마무리다.

결국 고객을 감동시키는 힘은 사람으로서의 따뜻한 본능과 존중하는 태도에서 나온다. 우리가 실천할 수 있는 작고 세심한 환대의 요소들은 결국 상대방의 마음을 천천히, 그러나 확실히 움직인다. 그리고 그 움직임은 구매라는 결과를 넘어서 사람과 사람 사이의 진짜 신뢰로 이어진다.

"환대는 관계의 문을 여는 마스터키다.
정성스러운 마음 앞에서 고객의 문은 쉽게 열린다."

10.
칭찬은 고객도 춤추게 한다

고객의 지갑은 언제 어떻게 열리는가? 답은 생각보다 간단하다. 관심이 호감으로, 호감이 확신으로 바뀔 때 고객의 지갑은 열린다. 단순히 순간의 기쁨을 위해 돌발적인 구매와 지출을 하는 것이 아닌 이상 이 원칙은 바뀌지 않는다.

그렇다면 어떻게 해야 고객의 마음에 확신을 심어줄 수 있을까? 일단 영업사원과 고객의 관계가 기분 좋은 관계로 인식이 되어야 하고, 그 분위기는 지속적으로 유지되어야 한다. 좋은 관계를 만들기 위해서는 첫 만남의 기억이 매우 중요하다. 첫 미팅 때의 분위기가 좋아야 두 번째 그리고 세 번째 미팅 역시 분위기가 좋아지기 때문이다. 연속되는 기분 좋은 만남이 서로에게 기분 좋은 관계로 기억되고, 점차적으로 쌓인 신뢰와 믿음이 바탕이 되어야 최종 계약까지 무리없이 진행된다.

그렇다. 우리는 첫 만남에서부터 최종 계약일까지 고객과 영업사원의 관계적 진화 과정에 대해서 살펴보아야 한다.

우선 고객을 만나면 가장 먼저 해야 하는 것이 있다. 바로 영업사원의 진심 어린 미소를 담은 따뜻한 인사이다. 인사를 나누면서 영업사원은 고객의 머리끝부터 발끝까지 전체적으로 꼼꼼하게 살펴봐야 한다. 외모는 어떠한지? 스타일은 어떤지? 헤어 스타일부터 넥타이, 구두, 패션 스타일까지, 작은 것에서부터 전체적인 분위기까지 모두 살펴보는 것이 좋다. 첫눈에 시각적인 장점이 잘 보이지 않을 경우에는 고객의 목소리에 집중하자. 목소리가 에너지 넘치면서 생동감이 있는지? 중저음 톤의 편안한 목소리를 가지고 있어 편안함을 주는지 등 세부적일수록 좋다. 짧은 시간 동안 최대한 고객의 장점과 단점을 찾아내는 센스를 발휘해야 한다. 이렇게 찾아낸 장점과 단점을 잘 구분해서 머리 속에 정리해 둔다.

그리고 대화를 시작하면서 찾아낸 고객의 장점에 대한 칭찬을 곁들인다. 그렇게 하면 고객은 영업사원에게 호감을 가지고 이야기를 시작할 수 있다. 단점까지 체크하라고 한 이유는 무의식적으로 고객의 단점을 언급하는 것을 미연에 방지하기 위함이다.

하지만 여기에서도 주의 사항이 있다. 칭찬을 할 때 무표정한 얼굴로 한다면 진정성이 없어 보일 수 있다. 이렇게 하면 영업을 위해 하는 영혼 없는 행위로 비춰질 수 있다. 앞서 이야기한 진정성 있는 미소를 띤 밝은 얼굴로 칭찬을 해야 하고, 너무 맥락 없거나 형식적인 칭찬은 피하는 것이 좋다. 고객을 향한 칭찬의 언어는 영업사원이 현장에서 고객으로부터 발견한 사실에 근거하여야 한다.

고객의 장점을 칭찬하며 첫 만남을 성공적으로 시작했다면, 고객은 좋은 기억으로 영업사원을 기억할 것이다. 이런 기분 좋은 기억은 두 번째 만남을 좀더 편안하게 만들어 준다. 두 번째 방문하는 영업사원을 맞이하는 고객의 기분도 좋은 상태에서 시작될 것이고, 전체적인 상담 분위기도 좋은 분위기 아래에서 진행된다.

영업사원은 두 번째 만남에서도 첫 만남에서 발견했지만 아직 이야기 하지 않은 고객의 장점을 상황에 맞게 이야기하며 풀어 나가는 것이 좋다. 두 번째 만남은 외부 접견실이 아닌 개인 사무실 또는 개인 공간에서 미팅이 진행되는 경우가 많다. 개인 사무실 또는 개인 공간에는 보다 많은 정보와 고객의 자랑거리들을 발견할 수 있다. 이때에도 영업사원은 바삐 주위를 살펴야 한다. 가족사진, 마라톤 메달, 각종 트로피, 자격증과 상장, 기타 고객의 자랑거리를 빠르게 스캔해서 이야기 거리를 찾아내야 한다. 앞서와 마찬가지로 고객의 자랑거리를 찾아내고 구분하여 정리해 둔다. 그리고 상담이 시작되기 전 또는 상담 도중 적절하게 하나씩 꺼내어 화제로 삼는다. 고객은 해당 주제에 좋은 기억과 행복한 추억을 가지고 있기 때문에 행복한 상상을 하게 되고 영업사원과의 상담 분위기도 한층 좋은 상태가 된다. 상담을 진행하다 보면 상당수의 고객들이 본인의 이야기를 하기를 좋아하는 것을 알 수 있다. 특히 자녀와 관련된 자랑거리를 이야기하기를 매우 좋아한다. 여기까지 화제를 이끌어내고 같이 공유한다면 반은 이미 성공한 것이다.

영업사원의 섬세한 관찰과 관심으로 시작된 이런 반복된 만남은 고객에게 영업사원에 대한 호감의 감정을 불러일으킨다. 이런 호감의 감정이 반복되면 고객은 영업사원에게 매력을 느끼게 되고, 다음 상담 일정을 잡기 위해서 영업사원이 전화를 하거나 메시지를 보내도 반갑게 그리고 흔쾌히 시간을 허락한다. 그 이유는 영업사원을 만나는 그 자체로도 기분이 좋고 행복한 기분을 느낄 수 있기 때문이다. 좀 더 발전하면 사적인 영역에서 영업사원을 만나고 싶은 감정까지 불러일으킨다. 영업사원이 먼저 전화를 하지 않더라도, 계약 관련해서 좋은 기회가 생기거나 구매 조건에 만족할 만한 상황이 발생하면, 고객은 먼저 영업사원에게 연락을 해 올 것이다.

이렇게 영업사원과의 기분 좋은 만남이 반복되면 영업사원에 대한 신뢰가 쌓이게 되고 영업사원이 소개하는 상품에도 동일한 신뢰감을 느끼게 된다. 고객은 오랜 시간을 거치면서 두 대상에 대한 관심과 사랑을 느끼게 되고 구매라는 행동을 통해 결실을 맺게 된다.

이런 관계는 1회적인 구매로 끝나지 않는다. 영업사원과 고객의 관계가 신뢰를 바탕으로 장시간 지속되면, 어느새 친근감으로 발전하여 친구와 비슷한 관계까지 형성된다. 이제는 서로간에 신뢰가 쌓였기 때문에 보다 민감한 이슈들 즉 경쟁사의 단점이나 경쟁하고 있는 상품의 불편한 조건들도 서슴없이 대화의 소재가 된다. 이렇게 고객으로부터 더 많은 정보들을 얻게 되고 이를 통해서 우리는 좀 더 차별성 있는 상품으로 업그레이드 할 수 있는 기회를 얻게 된다.

그러므로 영업사원은 항상 열려있는 마음으로 고객의 장점을 찾아내려고 애써야 한다. 오늘 영업사원의 칭찬 한마디로 고객은 누구보다 빛날 것이고, 지금 빛나는 고객은 같은 모습으로 내일 영업사원을 반갑게 맞이해 줄 것이다. 이렇게 영업사원과 고객(바이어)은 믿고 찾는 관계가 된다.

11.
고객의 거부에는 이유가 있다

　영업이 이루어지기 위해서는 3가지 요소가 필요하다. 첫째는 가치를 내포하고 있는 상품이 있어야 하고, 두 번째는 그 상품을 고객에게 전달하는 영업사원이 필요하다. 그리고 마지막 세 번째는 상품을 최종적으로 구매하는 고객이 있어야 한다.

　이렇게 상품과 영업사원 그리고 고객은 영업을 완성시키기 위해 서로를 필요로 한다. 상품은 가치를 가지고 있지만 그 가치가 저절로 고객에게 전달되지는 않는다. 그렇기 때문에 영업사원이 필요하다. 영업사원은 상품을 보유하고 있지만 고객 없이는 최종 상품의 가치를 실현시키지 못한다. 그래서 고객이 필요하다. 고객은 상품의 가치를 누리고 싶어하는 욕망은 있지만 본인의 잠재적 니즈를 파악해내지 못하거나 용기를 내지 못해 상품 구매를 지연시키곤 한다. 그래서 영업사원이 필요하다.

　고객은 분명하게 가치를 소유하고자 하는 잠재적 욕망을 가지고 있다. 그 가치는 상품에 내재되어 있고, 그 내재된 가치의 소유는 구매활동을 통해서만 충족된다. 구매 과정에서 확신을 얻어야 하고, 그러기 위해서는 상품에 대한 정확한 정보와 선택을 위한 용기가 필요하다. 여기에서 고객은 영업사원으로부터 상품에 대한 정확한 정보를 전달받고 설득이라는 과정을 통해 효율적으로 기회비용을 채우기 위한 용기를 제공받게 된다. 그렇기 때문에 고객은 본인의 잠재적 가치의 소유 즉 욕망을 채우기 위해서 영업사원이 꼭 필요한 것이다.

영업사원은 상품 판매를 위해서 고객을 만나야 한다. 물론 첫 만남을 이끌어내는 것도 쉽지 않지만, 두 번째 그리고 세 번째 만남도 쉽게 이루어지지 않는다. 여러 가지 이유로 고객이 영업사원의 방문을 거부하기 때문이다. 하루에 5명의 고객을 만나려고 시도하였다면, 5명 모두로부터 상담을 거부당할 수도 있고, 다행스럽게도 5명 모두와 상담을 진행한 경우에도, 5명 모두에게 긍정적인 대답을 듣지 못하고 그냥 돌아오는 경우도 있을 수 있다. 이럴 때 영업사원들은 어떤 감정을 느낄까? 하루, 이틀이라면 별 문제가 아니겠지만, 일주일, 한 달 이상 계속해서 거부와 부정을 당한다면 영업사원의 사기에 큰 문제가 발생하게 된다. 그뿐만 아니라 영업사원의 자존감에도 문제가 발생한다.

일부 영업사원들은 고객 방문을 두려워하기도 한다. 이런 심리 상태의 근본적 원인은 영업사원 본인이 고객으로부터 거부당했다는 사실에 있다. 다른 사람으로부터 거부당한 심정은 참으로 비참하다. 비참한 감정이 반복되면 공포로 승화될 것이고, 그런 공포심은 고객 방문을 더 이상 이어나갈 수 없게 만든다. 고객을 방문하지 못하는 영업사원은 당연히 영업을 지속해 나갈 수 없다.

하지만 여기에서 절대 잊어버려서는 안 되는 것이 있다. **바로 고객의 '거부'에는 여러 가지 사유가 있다는 것이다.** 영업사원이 싫어서 거부하기보다는 당일 고객의 입장, 환경 그리고 기분 때문일 가능성이 높다. 일차적으로는 가정에 문제가 있을 수 있다. 상담 전날, 중학교 2학년 사춘기 자녀와 갈등이 있었을 수 있다. 자녀와의 학업적인 문제로 대화가 잘 이루어지지 않았을 수도 있고, 또한 남편 또는 아내와 부부싸움이 있었을 수도 있다. 고객의 건강 상태가 문제일 수도 있다. 전날 업무 과로로 인해 매우 피곤한 상태일 수도 있고, 어제 동창회 술자리 모임에서 과음을 했을 수도 있다. 감기 몸살에 걸려 도저히 상담 진행이 어려운 몸 상태였을 수도 있다. 그뿐만이 아니다. 영업사원이 방문한 그날 고객의 업무가 너무 많아 정신 없이 일을 처리하고 있는 상황이었는지도 모른다. 이렇게 고객이 감정적, 시간적 여유가 없는 상황이라면 영업사원이 아무리 가치 높은 상품을 소개하기 위해 방문하였더라도 상담은 어려워지게 된다. 이런 어려운 상황에서 고객들은 '거부'라는 행위를 통해 자신에게 여유와 쉼을 보장한다. 이것은 누가 보더라도 영업사원 자체를 거부했다고 보기 어렵다. 단지 표면적으로 보았을 때 상담 거부라는 현상으로 나타났을 뿐이다.

현명한 영업사원이라면 이런 상황에서 어떻게 대응해야 하는가? 고객의 거부를 역이용하는 것이 가능하다.

일단 고객을 방문했을 때 영업사원은 고객의 거부현상과 패턴을 자세히 관찰해야 한다. 그럼으로써 오늘 상담을 거부하는 진짜 숨겨진 원인을 파악해야 한다. 그런 후에 오늘의 상담 거부를 만들어 낸 고객의 난처한 상황을 확인하고 이해하고 도와주어야 한다.

부모와 트러블이 있는 중 2 아이가 좋아할 만한 무선 이어폰 정보를 알려준다든지, 부부가 데이트하기 좋은 분위기 좋은 카페나 맛집을 소개해준다든지, 피로 회복에 좋은 생활 습관을 알려주고 숙취 해소제를 전달한다든지, 그리고 감기에 걸린 고객에게 빨리 낫는 방법을 알려주고 비타민을 선물한다면 그 고객에게 어떠한 느낌을 남기겠는가?

이렇게 고객의 거부를 나에 대한 거부로 받아들이지 않고, 숨겨진 원인을 파악하여 고객을 위해 마음을 쓰고 직접 행동해 나간다면, 다음 방문 때 고객의 거부감은 분명 줄어들 것이다. 비단 고객이 지금 거부해야만 하는 환경에 처해 있더라도 조금은 완곡하게 거부의 말과 행동을 보여줄 것이고, 보다 편안한 시간에 다시 약속을 잡게 될 것이다. 단언하건대 세 번째 방문 때는 고객 얼굴에서 환대의 미소를 보게 될 것이다.

12.
고객 감동을 위한 선물 고르기 1

사람은 누구나 사랑받고 싶어 하고, 기억되고 싶어 한다. 그 마음속에는 인정받고 싶다는 갈망과 내가 중요하게 여겨졌으면 좋겠다는 간절함이 깃들어 있다. 이것은 직장에서도, 연인 관계에서도, 그리고 비즈니스 현장에서도 동일하게 작동하는 인간의 가장 본능적인 욕구다. 그렇기에 이 욕구를 채워주는 행위, 특히 '선물'은 단순한 물건의 전달이 아니라 관계의 깊이를 형성하는 마법 같은 도구가 된다. 좋은 선물을 고르는 일은 그 자체로 감동을 줄 수 있는 기술이며 동시에 상대를 존중하고 사랑하는 방법이다.

우리는 선물을 고를 때 자주 가성비를 따진다. 상품의 성능, 가격, 차별성, 이 세 가지 기준으로 우리는 물건을 고르고, 가장 효율적인 선택을 하려고 한다. 이러한 습관은 자신을 위해서는 유익할 수 있다. 하지만 타인을 감동시키기 위한 선물을 고를 때에는 오히려 가성비가 감동을 가로막는 벽이 된다. 가성비를 따지다 보면 '안 사본 것', '못 사본 것'이 있게 마련이다. 하지만 가성비의 벽 너머에 있는 것을 '뜻밖에' 선물 받게 되었을 때 우리는 단번에 감정의 일렁임을 느끼게 된다.

예를 들어, 추석에 첫째 사위는 열두 개들이 배를 사서 처가에 방문한다. 무난하고 보편적인 선택이다. 반면 둘째 사위는 다섯 개밖에 들어있지 않은 고급 배 선물세트를 들고 찾아간다. 장모님은 잔소리를 한다. "왜 이렇게 비싼 걸 사왔어?"라고 말은 하지만, 손님이 오자마자 장모님이 꺼내는 과일은 바로 그 다섯 개들이 고급 배다. "이게 우리 강 서방이 사온 배인데 말이야…." 하면서 자랑이 섞인 소개가 이어지고, 결국 그 선물은 자랑의 소재이자 관계를 가깝게 묶는 고리가 된다.

이렇듯 좋은 선물은 가성비를 넘어, 감성을 건드린다. '내가 이걸 좋아한다는 걸 어떻게 알았지?', '내가 평소엔 너무 아까워서 못 샀던 건데…' 그런 마음이 일어나는 순간, 선물은 단지 손에 들리는 물건을 넘어 마음속 기억으로 스며든다.

하지만 한 가지 더 중요한 것이 있다. 아무리 고급지고 값진 선물이라도, 받는 이의 취향과 맞지 않으면 감동은 생기지 않는다. 배보다 귤을 좋아한다면, 고급 배 다섯 개보다 고운 귤 한 상자가 더 큰 감동이 될 수 있다. 다시 말해, 감동적인 선물은 단지 비싼 것이 아니라 '상대를 잘 이해하고 기억한 고민의 흔적'이 담긴 것이어야 한다.

그래서 영업사원은 선물을 준비할 때 고객과의 미팅에서 얻은 기억과 관찰, 대화 속에서 쌓인 마음의 축적에서 시작해야 한다. 고객이 좋아하는 음료, 고객의 아이가 다니는 학교, 고객의 지역 사투리, 계절마다 즐겨 입는 스타일, 즐겨 쓰는 펜의 굵기…. 이런 소소한 정보 하나하나가 모여 선물이라는 형식으로 구체화될 때 엄청난 감동을 주게 되는 것이다.

고객은 말한다. "왜 이런 걸 준비하셨죠?" 영업사원은 대답한다. "지난번에 이 이야기를 하실 때 무척 관심이 있으신 걸 느꼈습니다." 그 짧은 대화에서 신뢰감은 뿌리 내리고 관계는 단단해진다.

좋은 선물은 거창할 필요가 없다. 상대가 스스로도 잊고 있던 소망 하나를 조용히 꺼내어, "당신은 소중한 사람입니다."라고 전해주면 되는 것이다. 그것이야말로 가장 오래 기억되는 영업의 기술이며, 동시에 가장 짙은 사람의 향기다.

"좋은 선물은 마음의 먼지를 살포시 닦아주는 손길이다.
감동은 결국 기억을 통해 태어난다."

13.
고객 감동을 위한 선물 고르기 2

좋은 선물이란 무엇일까? 선물한 내가 기쁜 것이 좋은 선물일까? 아니면 선물을 받은 이가 기뻐해야만 좋은 선물일까? 우리는 흔히 선물이라는 행위를 주고받는 과정에서 감정을 나누고 관계를 이어간다고 말하지만, 진짜 감동은 어느 한 쪽의 만족감에서 끝나지 않는다. 좋은 선물은 주는 이의 마음이 담긴 동시에 받는 이의 삶에 스며들어 그 마음을 움직이고, 결국에는 그 감동이 배가되어 주는 이에게 돌아오게 되는 순환의 매개체다. 그렇기에 언제나 '받는 사람'의 입장에서 선물을 준비해야 한다.

받는 이의 입장에서 선물을 준비한다는 것은 단순한 호의를 넘어 정밀한 관찰과 세심한 배려를 필요로 한다. 우선 상대의 '관심사'를 알아야 한다. 요즘 그가 무엇에 빠져 있는지, 어떤 물건을 자주 쓰고, 어떤 활동을 즐기는지를 주의 깊게 살피고 메모해두어야 한다. 관심이란 마음이 쏠린 방향이다. 그 방향과 선물이 일치할 때 감동은 훨씬 깊어진다.

다음으로 지금 필요한 것이 무엇인지 고민해야 한다. 때로는 위로가 담긴 감성적인 선물이 필요할 수 있고, 어떤 때는 실용적이면서도 당장 요긴한 물건이 더 감동을 줄 수도 있다. 감동은 물건의 가격이나 화려함에서 오는 것이 아니라, 지금 이 순간 '내가 정말 원하던 것'이 주어졌다는 시의적절함이 포인트이다.

그리고 가장 중요한 마지막 포인트는 희소성이다. '누구나 받을 수 있는 것'이 아닌 '나만을 위한 선물'일 때, 그 가치는 배가 된다. 여기에서 희소성이란 금전적 희소함이 아니라 마음과 정성의 희소함이다. 같은 물건이라도 받는 이가 놀랄 만큼 자신만의 이야기를 담아낸 선물은 오랫동안 잊히지 않고 기억 속에 머무르게 된다.

핸드폰에 빠진 조카를 위한 무선 이어폰, 출산한 아내를 위한 보양 밀키트. 모두 '지금'과 '나'를 온전히 들여다본 사람만이 줄 수 있는 선물이다. 사람들은 선물을 받는 그 순간보다 자신이 잊히지 않았다는 그 마음의 진심을 느끼는 순간 더 큰 감동을 경험한다.

우리는 종종 선물이라는 행위를 겉으로만 소비하지만, 진정한 선물은 마음속 깊은 곳을 응시함에서 시작된다. 상대방의 입장에서 삶을 잠시 살아보거나, 그가 지금 어떤 계절을 지나고 있는지를 읽어주거나, 그 상황에 걸맞는 위로 한 줄, 기쁨 한 조각, 혹은 쉼표 하나를 건네는 것이다. 그럴 때 선물은 물건이 아니라 감정을 고스란히 담은 편지가 된다. 그리고 받은 이의 마음속에는 하나의 문장이 남는다. "이 사람은 나를 정말 생각하고 있었구나."

> "좋은 선물은 상대를 향한 기억의 결실이며,
> 마음의 시간표를 함께 맞추는 일이다."

14.
영업에도 타이밍이 있다 1

영업은 단순히 열심히 한다고 해서 성과가 따라오는 분야가 아니다. 물론 성실과 근성이 영업인의 미덕이라 말할 수 있겠지만, 그보다 먼저 고민해야 할 것이 있다. 바로 '언제'이다. 아무리 뛰어난 상품이라도 아무리 훌륭한 설명과 영업력이 뒷받침되더라도 타이밍이 적절하지 않으면 성과를 낼 수 없다. 영업은 감정의 예술이기도 하지만 동시에 시기의 과학이다.

무엇보다 먼저 시장의 상황을 고려해야 한다. 고객의 심리가 위축된 경기 침체기에는 아무리 성능이 좋은 제품이라도 외면받기 쉽다. 이는 제품의 문제가 아니다. 고객은 더 이상 '좋은 것'을 고르기보다 '안 사도 되는 것'을 피하기 때문이다. 이럴 때는 조급하게 출시 일정을 앞당기거나 판촉에 몰입하기보다, 오히려 준비의 시간을 가지며 상품의 완성도와 내부 역량을 끌어올리는 것이 중요하다. 이 시기는 드러나는 성과에 연연하지 말고 보이지 않는 깊이를 쌓아야 하는 시간이다.

반대로 고객의 관심이 특정 시점에 몰릴 때는 과감하게 기회를 잡아야 한다. 계절, 이벤트, 사회적 이슈, 고객의 일상적 흐름 속에서 집중되는 타이밍이 있다. 예컨대 무더운 여름을 앞두고 보양식과 휴가용품의 수요는 급등한다. 그 시점에 맞춰 관련 상품을 출시하고 판촉을 펼친다면 고객의 필요가 우리 제안과 만나는 접점이 형성된다. 이 접점이야말로 영업이 힘을 발휘하는 순간이다.

이런 기회를 놓치지 않기 위해서는 고객의 움직임을 읽을 수 있는 눈과 시장의 흐름을 짚을 수 있는 감각이 요구된다. 시장의 대세를 감지하는 촉, 고객의 감정을 움직이는 말의 무게, 그리고 그 둘을 엮어내는 시간 감각. 이것이 영업 고수의 보이지 않는 무기다.

하지만 이런 타이밍 전략 없이 움직인다면 어떤 결과가 생길까? 고물가와 경기 침체가 맞물린 늦가을에, 훌륭한 아이디어를 반영한 여름 휴가 상품을 출시한다면 어떨까? 좋은 아이디어와 훌륭한 제품, 정성껏 만든 제안서도 엇나간 시간 위에서는 빛을 잃게 된다.

영업은 시간과 함께 걷는 일이다. 타이밍은 일출처럼 찰나의 순간으로 지나가기도 하고, 동짓달 밤처럼 길게 머물기도 한다. 중요한 것은 기다려야 할 때를 알고, 나아가야 할 때를 아는 감각이다. 그렇게 오늘의 한 걸음이 내일의 기회를 만든다.

"기회는 늘 있었던 것이 아니다.
다만 준비된 자만이 그 순간을 '기회'라 부를 수 있을 뿐이다."

15.
영업에도 타이밍이 있다 2

영업의 타이밍이란 단지 '언제 시장에 나갈 것인가?'만을 의미하는 것은 아니다. 그것은 언제 싸울 것인가 혹은 싸우지 않고 피해갈 것인가를 결정하는 지혜의 문제이기도 하다. 우리는 앞서 경제 환경이나 고객의 관심 흐름에 맞춘 타이밍 전략에 대해 살펴보았지만, 이제는 경쟁을 피하기 위한 타이밍 전략, 즉 생존을 위한 실질적인 회피 기술에 대해 이야기하려 한다.

가장 먼저 경쟁사의 움직임에 주의를 기울여야 한다. 경쟁사의 제품 출시일, 가격 정책, 기능 변화, 마케팅 방식까지도 면밀히 분석해야 한다. 만약 경쟁사의 신제품이 곧 출시된다는 정보를 입수했다면, 우리 제품의 시장 진입 시점을 재조정해야 한다. 피할 수 없다면 맞서되, 피해갈 수 있다면 굳이 부딪힐 필요는 없다.

영화 시장을 예로 들어보자. 천만 감독이 연출한 기대작이라고 해도 마블의 블록버스터가 개봉하는 시점에 개봉하는 것은 바보같은 짓이다. 물론 적극적으로 승부해야 할 때도 있지만 굳이 부딪쳐 관객을 분산시킬 필요는 없는 것이다.

이처럼 경쟁의 강도를 낮추고 관심을 분산시키는 전략은 영화 시장뿐만 아니라, 소비재 시장, B2B 산업, 기술 제품 시장 전반에서 적용 가능하다. 예를 들어 커피숍을 열 때도 마찬가지다. 이미 시장을 장악하고 있는 스타벅스와 유사한 가격, 유사한 콘셉트로 접근하면 살  아남기 어렵다. 그보다는 가격대를 낮춰 보급형으로 가거나, 아니면 완전히 다른 고급 수제 커피로 포지셔닝해야 한다. 중요한 것은 기존의 경쟁 구도와 다르게 진입하는 것, 곧 비교 불가능한 영역으로 들어가는 것이다.

하지만 시기도, 가격도 피할 수 없는 경우가 있다. 그럴 때에는 지불 조건이라는 제3의 변수에 집중할 필요가 있다. 선불 조건 대신 장기 분할 결제나 구독 모델을 제시하는 것도 하나의 방법이다. 고객의 입장에서는 동일한 제품군이라면 초기 부담이 낮은 상품에 더 끌릴 수밖에 없다. 지금도 글로벌 시장에서 벌어지는 경쟁 전략 중 하나가 바로 이것이다. 애플이 3,499달러짜리 고가의 비전 프로를 출시하자, 메타는 구독 기반의 저가형 퀘스트를 통해 정면 대결을 회피하면서도 고객의 마음을 차지하는 데 성공했다. 이처럼 지불 방식과 구조만 달리해도 불필요한 전쟁은 피할 수 있다.

경쟁이란 피할 수 없는 현실이지만, 그 방법과 시기를 바꾸는 것만으로도 국지적인 전투에서는 승리를 거둘 수 있다. 영업의 타이밍 전략은 바로 이 지점을 향한다. 시장의 흐름과 경쟁사의 전략을 읽고, 고객의 지갑과 심리를 읽어내며, 그 사이를 비집고 들어가는 길. 이 타이밍을 포착한 자만이 살아남는다.

"싸우는 것은 본능이지만, 피하는 것은 전략이다.
생존은 종종, 침묵 속의 움직임에서 비롯된다."

16.
영업에도 타이밍이 있다 3

영업은 결국 사람을 만나는 일이다. 상품을 들고 고객을 찾아가는 일이지만, 본질적으로는 한 사람의 마음을 두드리는 여정이다. 그래서 타이밍은 단순한 거래의 시점을 의미하기도 하지만 상대의 마음이 열리는 그 순간을 포착하는 것을 뜻하기도 한다.

필자가 이탈리아 출장에서 경험했던 한 에피소드는 이 진리를 몸으로 새기게 해 주었다. 비즈니스 이야기를 조심스럽게 꺼내며 프레젠테이션을 이어가는 동안, 바이어는 한식당의 숟가락과 젓가락에만 관심을 보였다. 준비한 자료는 허공에 흩어졌고, 설득은 시작되기도 전에 끝날 것만 같았다. 하지만 포기하지 않고 식당 대표를 설득하여 판매용이 아닌 수저 세트를 구해 바이어에게 선물로 전달했더니 비즈니스는 기적처럼 풀리기 시작했다. 숟가락 하나가 계약의 시작이 된 것이다. 그녀를 움직인 것은 사업적 설득이 아니라 영업사원의 진정성이었던 것이다.

고객을 사로잡는 타이밍을 꼭 비즈니스의 관점에서 바라볼 필요는 없다. 고객이 진심으로 바라는 것을 알아차리고, 바로 그 자리에서 채워줄 수 있다면 그것이야말로 영업의 진짜 타이밍이다. 하지만 고객은 대체로 자신의 욕구나 요청을 명확히 드러내지 않는다. 그렇기 때문에 말로 표현하지 않아도, 표정과 분위기 속에 흘러나오는 작은 신호들을 감지해야 한다. 때로는 이메일 한 줄, 말 끝의 망설임, 또는 대화 중 무심코 언급한 관심사 하나가 바로 타이밍을 잡는 신호가 된다.

영업사원이 이런 신호를 '일'로 대하면 그 타이밍을 놓치게 된다. 하지만 고객이 아닌 '사람'으로 대한다면 그 신호는 절실한 요청으로 다가온다. 요청은 곧 타이밍이다. 상대방의 절실함이 짙어질수록 우리는 더 빠르게 응답해야 한다. 그 응답은 꼭 문제 해결이 아니어도 좋다. 함께 고민해 주고, 움직여 주고, '내가 당신을 잊지 않고 있습니다'라는 메시지를 전달하는 것으로도 충분하다.

이렇게 쌓이는 작은 응답들이 신뢰로 자리잡는다. 고객이 어려울 때, 필요할 때, 먼저 떠올리는 존재가 된다. 그것은 단순히 '기억나는 영업사원'이 아니라, 진심을 다해 자기 타이밍에 맞춰준 사람으로 기억되는 것이다. 그때 고객은 자신의 마음을 열고, 주저 없이 거래라는 문으로 우리를 초대한다.

영업에서 타이밍은 "지금 사세요."의 타이밍이 아니라 "지금 도와드릴게요."의 타이밍이어야 한다. 그렇게 다가간 진심이 결국 거래를 트고, 관계를 깊게 한다.

"영업의 타이밍은 상품이 아니라
마음의 문이 열리는 순간을 기다리는 일이다."

17.
상품을 팔지 말고 고객의 불편을 해결하라

사람들은 물건을 사러 오는 것이 아니다. 그들은 '불편함'을 덜어내기 위해, '더 나은 오늘'을 위해, 아주 조심스럽게 한 발을 내딛는다. 그것이 비록 건조기 하나를 사러 온 것처럼 보일지라도, 그 속에는 삶의 온갖 갈증과 바람이 함께 담겨 있다. 무더위가 숨을 조이고, 장마가 일상의 숨구멍을 막아올 때, 고객은 쾌적한 공간을 상상하며 매장을 찾는다. 하지만 그가 마주하는 것은 기능 설명과 가격 비교, 그리고 다소 기계적인 설명일 뿐이다.

고객의 마음은 이미 정보로 가득하다. 그들은 스펙을 알기 위해 온 것이 아니다. 자신을 이해해 줄 사람, 자신보다 더 자신의 상황을 들여다보는 누군가를 만나고 싶어서 매장에 들어선 것이다. 고객이 정말 원하는 것은 제품을 통해 지금의 삶에서 무엇을 덜어낼 수 있는지, 어떻게 조금 더 편안하고 기분 좋은 일상을 만들 수 있는지를 함께 고민해 주는 사람이다.

진정한 영업의 시작은 여기서 출발해야 한다. "이 제품은 이런 기능이 있습니다."가 아니라, "지금 고객님의 생활에서 가장 번거로운 일이 무엇인지요?"라고 묻는 데서부터다. 좋은 영업사원은 제품을 소개하는 사람이 아니라, 고객의 삶을 먼저 읽어주는 사람이다. 고객이 말하지 않아도 세탁실의 크기를 먼저 확인하고, 이전에 쓰던 세탁기의 폐기를 고민하며, 때로는 고객이 알지 못한 혜택을 먼저 찾아내어 손에 쥐어주는 것. 그것이 감동이고, 그것이 차별화다.

고객의 머릿속에는 수많은 조건과 계산이 돌아간다. 그러나 고객의 가슴속에는 한 가지 질문이 남아 있다. "이 사람은 내 삶을 진심으로 들여다보는가?" 바로 이 질문에 "그렇습니다."라고 응답하는 사람만이 신뢰를 얻고, 감동을 주며, 결국 선택받는다.

고객의 걱정을 대신 걱정하고, 고객의 불편을 미리 상상하고, 고객의 기대를 앞서 뛰어넘는 것. 그것이 최고의 영업이며, 그것이 결국 고객의 마음을 얻는 단 하나의 길이다.

"가장 강한 제안은 상품이 아니라,
나보다 나를 더 깊이 들여다보는 시선이다."

18.
고객의 'No'는 거절이 아니다

거절은 종종 문을 닫는 말처럼 들린다. "아니요." "괜찮습니다." "생각해볼게요." 이 세 단어는 마치 마음의 벽처럼 우리 앞에 놓인다. 그러나 우리가 놓치지 말아야 할 진실이 하나 있다. 고객의 'No'는 단순한 종결이 아니라, 아직 준비되지 않은 'Yes'일 수도 있다는 것이다.

사랑을 시작하는 사람도 마찬가지다. 누군가에게 함께하고 싶은 계획을 조심스레 꺼냈을 때 돌아오는 'No'는 꼭 그 제안 자체에 대한 반대일까? 오히려 마음을 열기엔 조금 더 시간이 필요하다는 신호일지도 모른다. 상대방의 상황, 환경, 감정적 여유, 혹은 그저 오늘 하루가 버거웠을 뿐일 수도 있다. 마찬가지로 영업의 현장에서 고객이 내민 'No'는 단호한 거절이 아니라 때로는 외면으로 가장된 "지금은 어려워요." "조금 더 설명해주세요." "제게 맞는 방식은 없을까요?"라는 도와달라는 조용한 손짓일 수 있다.

영업사원이 'No'를 듣는 순간 실망하거나 물러나는 것이 아니라, 그 말 안에 담긴 숨은 의미를 해석하려는 노력은 무엇보다 중요하다. 고객의 상황을 읽고, 그 마음을 대신 들여다보며, 그가 쉽게 말할 수 없는 진짜 이유를 찾아내는 것. 그것이 바로 영업의 두 번째 언어이자, 진짜 설득이 시작되는 시점이다.

때로 고객은 가격이 부담스러워 'No'라고 말한다. 사실은 조건이 살짝 맞지 않을 뿐 마음은 이미 반쯤 넘어와 있다. 결과적으로 지금이 아니라는 의미이지, 절대적으로 필요 없다는 뜻은 아니다. 우리는 고객의 말 속에서 말보다 더 많은 것을 읽어내야 한다. 그가 말하지 않은 것을 듣고, 그가 숨긴 이유를 이해하며, 그의 망설임마저 존중하는 태도를 가져야 한다.

중요한 것은 거절의 순간에도 그 관계가 단절되지 않도록, 신뢰의 끈을 단단히 매어두는 것이다. 그저 상품을 설명하는 영업사원이 아니라, 그 사람의 필요를 가장 먼저 이해하려는 조력자로 자리잡아야 한다. 진심을 가진 사람에게는 언젠가 반드시 기회가 온다. 단호하게 닫힌 문도, 조용히 귀 기울여주는 이에게는 조심스럽게 열리기 마련이다.

'No'는 관계의 끝이 아니라,
고객의 마음을 더 깊이 이해하라는 또 다른 시작의 언어다.

19.
고객에 대한 짝사랑 1

　사람 사이의 마음은 흐르는 강물같지 않아서 정해진 길이 없다. 내가 한 사람을 간절히 좋아해도 그 마음이 곧장 나에게 돌아오지 않는 경우가 얼마나 많은가. 우정에서도, 사랑에서도, 나의 중심에 있는 그 사람은 늘 다른 누군가를 바라보고 있을 때가 있다. 내 마음은 온통 그를 향해 있는데 정작 그는 나를 수많은 친구 중 하나로만 여긴다.

　영업도 마찬가지다. 고객과의 관계 속에서도 우리는 종종 '짝사랑'의 감정을 겪는다. 1년이 넘는 시간 동안 공을 들이고, 눈이 오나 비가 오나 끊임없이 찾아가고, 최신 정보를 정리해 전달하고, 맞춤형 제안을 성심성의껏 준비해도 고객은 언제나 경쟁사 영업사원을 향해 미소짓는다. 그 웃음 하나에 질투와 허무가 밀려오고, 내가 해 온 모든 노력들이 허공 속으로 사라지는 것만 같다.

　하지만 우리는 알아야 한다. 고객이 경쟁사의 영업사원을 더 신뢰하고 좋아하는 데에는, 우리가 보지 못한 긴 시간의 누적과 함께한 기억의 무게가 존재한다는 것을. 아무리 매력적인 신입 영업사원이 치밀하게 준비해 접근해도, 고객의 기억에 깊이 스며든 '관계의 시간'을 단번에 역전시키기는 어렵다. 그는 단지 상품을 파는 사람이 아니라, 고객의 삶의 기쁨과 아픔을 함께 나눈 동반자일 수도 있다.

이럴 때 우리가 해야 할 일은 감정적으로 무너지거나 질투에 흔들리는 것이 아니라, 묵묵히 자신의 시간과 진심을 쌓아가는 것이다. 고객의 신뢰는 하루아침에 생기지 않는다. 손바닥을 맞대며 나눈 따뜻한 악수, 잔잔한 안부 문자, 고된 하루 끝에 들려주는 응원의 한마디, 때로는 말없이 들어주는 귀와 기다려주는 마음…. 그런 작고 섬세한 행위들이 쌓여 결국 '진짜 관계'로 피어나는 것이다.

언젠가 내가 흘린 땀방울이, 내가 보낸 진심이, 내가 참고 기다린 그 시간이 고객의 마음속에서 묵직한 무게로 되살아나는 날이 반드시 온다. 그때 고객은 깨닫게 될 것이다. "이 사람이 나를 가장 오래 기다려 준 사람이구나." 그리고 그 마음은 다른 누구도 대신할 수 없는 신뢰로 이어질 것이다.

짝사랑은 아프지만, 진심을 보여주는 행위를 멈추지 않는다면 언젠가는 그 사람의 마음에 가닿을 것이다. 영업에서도 마찬가지다. 고객의 사랑을 빼앗기지 않기 위해 경쟁할 것이 아니라, 고객의 삶에 스며들기 위한 기다림과 진정성의 증명에 매진해야 한다.

"진심은 늦게 도착해도 반드시 마음속 깊은 곳에 닿는다."

20.
고객에 대한 짝사랑 2

현장에 서 있는 많은 영업사원들은 종종 외로운 싸움을 이어간다. 정성을 다해 문을 두드리고, 마음을 열기 위한 작은 노력을 반복하지만, 고객의 마음은 좀처럼 열리지 않는다. 그 마음속에는 이미 자리를 선점한 경쟁사의 영업사원이 존재하기 때문이다. 마치 다른 이에게 마음을 빼앗긴 사람을 사랑하는 것처럼 우리는 고객을 향한 짝사랑 속에 서 있다. 이 짝사랑에서 벗어나기 위한 첫 걸음은, 고객이 지금 좋아하고 있는 것의 본질을 파악하는 일이다. 고객은 왜 그 경쟁사의 제품을 선택했고, 왜 그 영업사원에게 마음을 열었을까? 상대가 사랑받는 이유를 정확히 짚어보는 것이다. 기능일까, 디자인일까, 아니면 서비스의 민첩함일까? 그것은 곧 내가 도착해야 할 좌표가 되고, 그 좌표를 향해 내 제품 또한 변화해야 한다. 기능을 더하고, 불편을 덜고, 고객의 라이프스타일에 맞는 언어로 내 제품을 설명해야 한다. 상대가 좋아하는 스타일로 나를 조금씩 바꿔나가는 진심 어린 맞춤의 여정이다.

두 번째는 고객이 싫어하는 내 모습, 즉 단점을 제거하는 작업이 필요하다. 경쟁사에 비해 내 제품이 가지는 결핍, 서비스의 불편, 납기의 지연, 가격 조건의 부담감 등 고객이 불만을 느낄 수 있는 지점을 날카롭게 파악해야 한다. 이는 연인에게 무심코 상처를 주는 습관을 고치는 것과도 같다. 내가 그를 사랑하기에, 그가 싫어하는 부분을 기꺼이 버릴 수 있어야 한다. 영업도 마찬가지다. 고객의 불만과 불편을 정면으로 바라보고, 그것을 개선하기 위한 땀방울을 아끼지 않아야 한다. 그래야 고객은 '이 사람은 나를 위해 바뀌려고 노력하는구나.' 하는 생각을 갖게 된다.

세 번째는 시간 속에서 신뢰를 쌓아가는 반복된 노력이다. 고객은 단번에 마음을 돌리지 않는다. 하지만 매일 한 방울씩 진심을 떨어뜨리다 보면, 어느 날 잔을 가득 채우게 된다. 영업사원이 매주 찾아와 고객의 피드백을 듣고, 그것을 토대로 상품을 조금씩 바꾸어 간다면, 고객은 그 과정에서 '성장하는 영업사원'과 '진화하는 상품'을 발견하게 된다. 고객은 자신의 말이 반영되어 변화한 상품을 보며 무시할 수 없는 끌림을 느낀다. 결국 고객은 말없이 말한다. "이 사람은 나에게 진심이다." 그렇게 조금씩, 아주 조금씩 마음은 기울어진다.

사랑도, 영업도 결국 사람의 마음을 얻는 일이다. 마음은 한순간에 돌아오지 않는다. 정성과 기다림, 변화의 노력, 단점의 제거, 그리고 진심 어린 시간 속에서 이루어진다. 고객의 짝사랑을 넘어서는 길은 단 하나다. 내가 가진 열정과 진심이 경쟁사의 그것보다 더 무겁고 오래 남게 만드는 것. 그렇게 고객의 마음은 나에게로 천천히, 그러나 분명히 이동한다.

"마음을 움직이는 기술은 없다, 오직 진심과 시간이 답이다."

21.
고객에 대한 짝사랑 3

　누군가를 사랑할 때, 우리는 매 순간 질문하게 된다. "어떻게 하면 그가 나를 좋아하게 될까?" 영업도 이와 다르지 않다. 이미 경쟁사 제품에 만족하고 있고, 그 영업사원과 오랜 신뢰관계를 맺고 있는 고객이라면, 우리는 그 앞에서 조심스럽고 신중하게 마음을 열어야 한다. 단번에 마음을 사로잡을 수는 없지만, 차곡차곡 쌓이는 진심은 반드시 도달한다. 다만 고객은 기존에 익숙한 제품과 경험을 쉽게 놓지 못한다. 그것이 주는 심리적 안정감, 익숙함, 반복된 신뢰의 감정은 새로움보다 강하다. 그렇기 때문에 우리는 낯선 새로움을 고객의 일상 속으로 스며들게 해야 한다. 익숙함처럼 다가가는 것이 중요하다.

　첫 걸음은 경험의 반복이다. 고객의 불안을 해소하는 가장 직접적인 방법은 체험이다. 만약 우리가 판매하는 제품이 소비재이거나 소형 상품이라면, 과감히 샘플을 제공해 보자. 일단 사용하기 시작하면 고객은 제품에 대한 낯섦과 성능에 대한 불안을 넘어 편리함과 효용성을 체험하게 된다. 그 체험이 반복될수록 우리 제품은 고객에게 '익숙한 존재'가 된다. 마치 이사한 동네의 낯설음이 점점 친숙함으로 바뀌어가듯이.

고가의 상품이거나 규모가 있는 설비인 경우 시승 또는 데모가 필요하다. 자동차를 사기 전 시승하듯, 장비나 솔루션도 직접 작동시켜 보고, 고객 스스로 손과 눈과 귀로 확인하게 해야 한다. 사람은 본인의 감각을 신뢰한다. 이 감각적 경험이야말로 논리적 설득보다 더 강력한 무기다.

또한 일부 고객은 제3자의 경험을 더 신뢰한다. 이런 고객을 위해 우리는 다양한 SNS 후기를 준비해야 하며, 관련 레퍼런스나 인증 후기, 사용자의 추천 영상 등을 적극적으로 노출시켜야 한다. 고객은 '다른 누군가가 써보고 좋았다면 내게도 괜찮겠지.'라는 마음으로 선택에 대한 두려움을 덜어내기 시작한다. 그렇기 때문에 타인의 의견과 추천을 통해 고객의 불안을 지우는 작업은 매우 중요하다.

그래도 여전히 망설이는 고객이 있다면, 마지막 카드는 환불 보장 정책이다. 우리는 마지막 카드를 통해 이렇게 말한다. "이 제품이 당신에게 맞지 않는 제품이라면 언제든 되돌릴 수 있습니다." 이 말은 단지 조건의 제안에 그치지 않고 자신감의 표출이자 고객에 대한 존중의 표시다. 이 카드는 고객에게 보험과도 같은 역할을 한다.

그리고 무엇보다 중요한 마지막 하나. 사람이 사람에게 주는 정성이다. 경쟁사가 5년의 시간을 쏟아부었다면 우리는 6년을 감당해야 할 수도 있다. 그 과정에서 고객의 피드백을 수용하고, 제품을 끊임없이 다듬고, 한 사람의 만족을 위해 치열하게 고민한 흔적을 남겨야 한다. 제품이 고객에게 익숙해지는 시간을 만드는 것도, 영업사원이 고객에게 신뢰로 스며드는 시간도 결국 사랑처럼 깊은 인내와 반복에서 만들어진다.

그래서 우리는 고객을 연인처럼 여기며 다가가야 한다. 그가 더 이상 나를 '새로운' 존재가 아닌 '익숙한' 존재로 받아들일 때까지. 그가 마침내 나를 선택하게 되는 그날까지, 우리는 고객의 곁을 묵묵히 지켜야 한다. 이토록 단단한 짝사랑은 언젠가 서로의 눈을 마주하는 사랑이 된다.

> "불안의 벽을 무너뜨리는 가장 강한 도구는,
> 반복된 진심과 조용한 체험이다."

22.
밀당의 기술 1

영업의 자리에는 언제나 긴장이 흐른다. 영업사원은 이익을 확보하려는 마음을 안고 미팅에 들어서고, 고객은 한 푼이라도 더 나은 조건으로 상품을 구매하고자 마음의 방어벽을 단단히 세운다. 양자는 친절한 미소를 지으며 악수를 나누지만, 실제로는 줄다리기 같은 심리적 수 싸움이 이미 시작된 상태다. 이것이 바로 '밀당'이다. 연애와 마찬가지로 협상도 감정의 고요한 파도를 일으킨다. 너무 다가가면 상대는 부담스러워 도망치고, 너무 멀어지면 관심이 식는다. 영업도 마찬가지다.

무엇보다 기억해야 할 첫 번째 원칙은 모든 매력을 한꺼번에 보여줘서는 안 된다는 것이다. 고객이 요구하는 조건을 단번에 수용해버리면, 고객은 오히려 의심과 불만을 키울 수 있다. "내가 더 강하게 밀어붙였으면 더 좋은 조건을 얻을 수 있지 않았을까?" 이런 생각은 만족이 아니라 아쉬움으로 남는다. 그러므로 협상은 서서히 그리고 계획적으로 이루어져야 한다. 고객의 요청을 '한 번에'가 아니라 '여러 번에 걸쳐' 수용함으로써 고객은 자신이 협상을 주도하고 있다는 착각 속에서 만족감을 느끼게 된다. 이 만족은 상품에 대한 신뢰와 영업사원에 대한 호감으로 연결된다.

두 번째로는, 밀당의 본질을 이해해야 한다. 그것은 힘겨루기가 아니라 신뢰의 춤이다. 영업사원이 협상을 우세하게 이끌려면 단순히 상품의 정보나 기술적 우위만으로는 부족하다. 진정한 힘은 상품이 고객에게 줄 수 있는 가치를 정확히 알고 있고, 그것을 나눌 줄 아는 선한 의도에서 비롯된다. 영업은 거래가 아니라 나눔이다. 상품이 고객에게 이익이 되는 일이 먼저고, 영업사원이 받는 보상은 그다음이다. 결국 잘 이끌어진 밀당은 단기적 승부가 아닌 공동의 이익을 추구하는 장기적 관계의 서막이 되어야 한다.

세 번째로, 밀당의 결과를 판단하는 기준은 누구의 몫이 더 컸느냐가 아니다. 흔히들 초보 영업사원은 고객보다 자신이 조금 더 이득을 보면 성공이라 여기고, 중급자는 서로 반반의 조건에서 협상이 끝나면 잘 마무리되었다고 판단한다. 하지만 진짜 고수는 49 대 51의 결과를 만들어낸다. 고객이 단 1%라도 더 많이 얻어간 느낌을 갖도록 만드는 것. 그것이 바로 심리적 만족감과 강렬한 인상을 남기는 가장 현명한 방법이다. 더 나아가 영업의 고수는 고객에게 이익을 먼저 안겨준다. 손해를 감수한 듯 보이는 이 협상은 시간이라는 물길을 타고 수익이라는 강물로 흘러든다.

가치를 넘치게 받은 고객은 그것을 갚기 위해 애쓰지 않아도 된다. 하지만 이상하게도 사람은 본능적으로 받은 만큼 주고 싶어진다. 받은 이익에 감사하고, 받은 감동을 주변에 알리며, 받은 신뢰를 새로운 고객에게 이어준다. 이로 인해 한 명의 고객은 다섯 명의 고객이 되고, 그 고객은 또 다른 고객을 불러온다. 이 모든 흐름은 바로 '줄을 먼저 놓아주는 용기'에서 시작된

것이다.

영업의 밀당은 당기기에 있는 것이 아니다. 당길 수 있는 힘이 있음에도 불구하고, 먼저 놓아주는 배려에 있다. 그 배려가 고객의 마음에 감동을 만들고, 고객은 결국 자발적으로 다가오게 된다. 이 밀당의 마지막에는 더 이상 줄다리기를 할 필요가 없는, 서로가 손을 맞잡은 관계가 기다리고 있다. 그것이 진짜 영업이고, 그것이 진짜 사랑이다.

"진짜 밀당은, 이기는 것이 아니라 먼저 배려하는 것에서 시작된다."

23.
밀당의 기술 2

　세상에서 가장 절대적인 존재와 협상해야 한다면, 우리는 과연 어떤 자세로, 어떤 방식으로 접근해야 할까? 창세기 속 아브라함은 우리에게 그 질문에 대한 깊은 해답을 던진다. 그는 신(神)이라는 전지전능한 존재를 상대로도 한 걸음 한 걸음 조심스러운 협상의 길을 걸었다. 그 길은 무례하지 않았고, 조급하지 않았으며, 무엇보다 상대를 향한 존중으로 가득했다. 이 아브라함의 태도야말로 우리가 영업 현장에서 마주하는 협상의 본질, 그 본받아야 할 '밀고 당기기'의 고전이라 할 수 있다.

　창세기(18:22~33절)에는 죄 많은 도시인 소돔과 고모라를 멸하려는 하나님과 절대적인 신을 상대로 한 명의 의인이라도 더 살려보기 위해 애를 쓰는 아브라함이 등장한다. 하나님은 죄 많은 두 도시를 한 번에 멸하겠다고 명령하셨지만, 아브라함은 소수의 의인을 통해 문제의 도시를 살려 달라고 간절하게 요청한다. 이렇게 극적으로 대립되는 상황 속에서도 아브라함은 신을 대상으로 현명하게 협상을 이끌고 나간다.

아브라함은 자신이 원하는 사항을 먼저 요구하기에 앞서 우선적으로 하나님의 존재와 상황을 그대로 받아들이고 진지한 태도로 정중하게 한 가지를 청한다.

"만일 그 모든 사악한 무리 가운데 의인이 있다면 그 의인들을 악인들과 함께 멸하려 하시렵니까?"

그리고 나서 아브라함은 공손하게 다시 하나님에게 요청을 이어 나간다.

"그 성 중에 의인 오십 명이 있을지라도 주께서는 그 곳을 멸하시고 그 오십 의인을 위하여 용서하지 아니하시리이까?"라고 물으면서 강요하지 않고 청을 마무리한다.

하나님은 사랑을 실천하시는 분이시기 때문에 아브라함의 간청에 이렇게 대답한다.

"내가 만일 소돔성읍 가운데에서 의인 오십 명을 찾으면 그들을 위하여 온 지역을 용서하리라."

이렇게 아브라함은 신을 상대하여 협상의 첫 단추를 너무나 잘 꿰었다. 그리고나서 아브라함은 신을 대상으로 단계적 협상을 진행해 나간다.

"오십 의인 중에 5명이 부족하다면 그 5명의 부족함으로 말미암아 온 성읍을 멸하시리이까?"

하나님의 입장에서는 50명과 45명의 차이는 그리 크지 않기 때문에 쉽게 45명의 의인의 제안을 무리 없이 받아들인다. 하나님은 아브라함에게 이렇게 대답한다.

"내가 거기서 45명을 찾으면 멸하지 아니하리라."

아브라함은 여기서 멈추지 않는다. 지속해서 신과 협상을 이어 나간다.

"내 주여 노하지 마시옵고 말씀하게 하옵소서. 거기서 30명을 찾으시면 어찌하시나이까?"

하나님은 5명을 줄여주었듯이 10명을 더 줄이는 것에도 무리 없이 받아들인다.

이렇게 아브라함은 처음의 50명에서 시작한 의인의 숫자를 45명, 30명, 20명 그리고 10명까지 줄여가며 설득을 해 나간다.

하나님은 이렇게 아브라함에게 대답합니다.

"내가 10명으로 말미암아 멸하지 아니하리라."

결국 아브라함은 전지전능한 하나님과의 협상에서 소돔과 고모라를 멸하지 않는데 필요한 최소한의 의인의 수를 10명까지 줄이는 데 성공한다.

협상은 단순히 내가 원하는 조건을 쟁취하기 위한 전쟁이 아니다. 그것은 서로 다른 입장과 이해관계를 가진 두 존재가, 하나의 공통된 합의 지점에 이르기까지, 감정과 논리, 시간과 타이밍을 조율하는 섬세한 춤이다. 그래서 협상은 언제나 '단계적으로' 접근해야 한다. 처음부터 모든 카드를 꺼내지 말고, 상대의 마음이 열릴 수 있도록 천천히 다가가야 한다. 마치 아브라함이 50명의 의인에서 시작하여 45명, 30명, 20명, 끝내 10명까지 천천히 설득해 나갔던 것처럼 말이다.

그는 요구보다 먼저 존중을 내세웠다. 자신의 간청 앞에 겸손을 놓았고, 신의 의도를 이해하려 애썼다. 협상이란 이렇게 상대를 향한 배려에서 시작되어야 한다. 특히 고객과의 협상에서도 마찬가지다. 내 입장에서 유리한 조건을 먼저 제시하기보다는, 고객의 사정과 필요를 충분히 경청하고, 그 입장을 있는 그대로 인정하는 것. 이 기본적인 태도가 갖추어져야 비로소 협상의 문은 열린다.

그다음은 서두르지 않는 단계적 제안이다. 상대방이 처음부터 큰 양보를 받아들이기 어려워한다면, 그들을 향한 제안을 조금씩, 그러나 꾸준히 조정하며 나가야 한다. 그 사이사이에는 상대의 반응을 살피는 섬세한 눈과 타이밍을 맞추는 직관이 필요하다. 급하지 않게, 그러나 분명한 방향성을 가지고 협상의 단계를 밟아가야 한다.

많은 초보 영업사원들이 협상을 '속도전'이라 오해하고, 빠르게 결정을 몰아붙인다. 하지만 진정한 협상은 '감정의 흐름을 함께 걷는 여정'이어야 한다. 때로는 한 발 물러서야 하고, 때로는 상대가 먼저 다가올 시간을 줘야 한다. 특히 상대방이 감정적으로 존중받고 있다고 느끼는 순간 협상의 문은 활짝 열리게 마련이다. 그것은 단순한 계산을 넘은 감정의 교감에서 비롯된다.

영업의 협상은 결국 고객의 선택을 이끌어내는 예술이다. 그 예술은 소란스럽지 않고, 강압적이지 않으며, 그저 진심과 존중으로 조금씩 상대의 마음에 가닿는 과정이다. 고객을 나의 이익의 대상이 아닌 함께 최적의 해답을 찾아가는 동반자로 여길 때, 협상은 싸움이 아닌 공동의 이익을 향한 따뜻한 합의가 된다.

창세기의 아브라함처럼 말이다. 가장 절대적인 존재 앞에서도 그는 자신의 요구가 아닌 상대의 선함을 믿고 대화를 이어갔다. 그의 협상에는 진심이 있었고, 단계적 접근의 지혜가 있었다. 그리고 무엇보다 상대를 향한 경외와 존중이 있었다. 바로 그 태도가 우리가 고객과 마주할 때 기억해야 할 협상의 가장 깊은 철학이다.

"협상의 본질은 이기기보다 함께 가는 것이다.
함께 가기 위해서는 반드시 존중이 먼저다."

24.
밀당의 기술 3

    협상이란 마치 교향곡의 마지막 악장을 연주하는 것과 같다. 수많은 조율 끝에 맞이한 마지막 협상 테이블 위에서는 단 하나의 실수도 치명적일 수 있다. 영업사원에게 이 순간은 상품을 설명하거나 고객을 설득하는 것보다 훨씬 더 예민하고도 복잡한 시간이다. 왜냐하면 이 마지막 순간에는 수많은 가능성과 변수들이 불쑥 고개를 내밀기 때문이다. 이럴 때야말로 영업사원의 진짜 실력이 드러난다. 그리고 이 실력은 단순한 말솜씨나 태도에서 나오는 것이 아니다. 모든 가능성을 준비하고, 모든 시나리오를 예측하며, 그에 맞는 계약서를 손에 쥔 자만이 협상을 끝맺을 수 있다.

    먼저 우리는 이 프로젝트의 '시작점'을 정확히 이해해야 한다. 협상의 기술은 상대의 요구를 꿰뚫는 감각에서 나오지만, 협상의 철학은 우리의 입장을 정확히 알고 시작하는 데서 비롯된다. 누구의 필요에서 출발한 협상인지, 그리고 우리가 이 협상을 통해 무엇을 궁극적으로 얻고자 하는지를 명확히 이해하지 못한 상태라면, 협상의 언어는 결국 공허한 메아리에 불과할 것이다. 진짜 방향성을 잃은 채 수없이 제안과 대응을 주고받는 것은 오히려 상대에게 피로감과 의구심을 안길 뿐이다.

다음으로 필요한 것은 '모든 시나리오에 대한 예측'이다. 협상의 본질은 불확실성이다. 고객이 오늘 어떤 기분일지, 그가 어떤 보고서를 막 받아봤는지, 본사의 지시가 바뀌었는지 등 협상 테이블 위에는 알 수 없는 변수들이 언제나 존재한다. 그렇기에 우리는 상상할 수 있는 모든 가능성 위에 계약 조항을 세워야 한다. 상품 조건, 납기 일정, A안과 B안의 차별 조건, 즉시 이익과 장기 이익의 균형, 결제 방식과 환불 조항까지. 마치 체스를 두듯, 상대가 앞으로 둘 한 수를 예상하며 그에 맞는 '조건의 체스말'을 계약서 안에 미리 배치해 두어야 한다.

이때 중요한 것은 한 가지 조건만을 고집하지 않는 유연함이다. 지금 당장의 이익을 놓치더라도, 미래에 더 큰 이익을 창출할 수 있는 구조라면, 그 설계까지도 계약서 안에 담아야 한다. 직접적인 이익이 아니더라도 간접적인 관계 형성, 후속 계약 가능성, 업그레이드 옵션 같은 장기적 시나리오들이 분명하게 그려져야 한다. 그 준비가 되어 있는 계약서야말로 진정 고객과 '함께 갈 수 있는 길'을 제시하는 영업의 설계도가 된다.

이러한 준비가 선명하게 드러날 때, 고객은 말하지 않아도 '이 사람은 준비된 전문가'라는 신뢰를 갖게 된다. 상대방은 본능적으로 느낀다. 감각적으로 짜여진 문장 뒤에 있는 사고의 깊이, 다듬어진 계약서 속의 논리, 모든 가능성에 대해 유연하면서도 분명한 대응을 갖춘 자의 내공. 그것이 고객의 마음속에 신뢰를 만들어 낸다.

결국 영업사원이 손에 들고 있어야 할 최고의 무기는 말이 아닌 '시나리오가 살아 있는 계약서'다. 그 안에는 수십 번의 검토와 상상이 녹아 있고, 고객의 요구를 미리 읽어내려는 정성과 책임감이 담겨 있다. 그렇게 완성된 계약서는 단순한 문서가 아니라 영업사원이 빚어낸 예술작품이다. 그리고 이 계약서는 단 한 번의 협상을 위한 것이 아니라 이후 수많은 관계의 문을 열어주는 열쇠가 되어줄 것이다.

"영업에서 가장 강력한 말은 잘 쓴 계약서다.
제대로 된 계약서가 준비되어 있다면 말보다 먼저 신뢰가 도착한다."

Chapter 3
영업 현장에서의 노하우

준비된 자가 현장을 지배한다

감정과 태도를 다루었던 1장과 2장에서 우리는 고객이라는 존재를 향한 마음의 각도를 조율해왔다. 이제 그 따뜻한 이해를 바탕으로, 우리는 보다 정밀하고 치밀한 실전의 세계로 들어가려 한다.

단순히 영업 매뉴얼적인 측면을 설명하려는 것이 아니다. 영업이라는 현장에서 영혼을 담아 일하는 이들에게, 떨림과 두려움을 극복하고 그것을 무기로 전환할 수 있는지를 알려주려 한다. 철저하게 준비되지 않은 사람은 흔들리게 마련이다. 그리고 그 흔들림은 고객 앞에서 여지없이 드러난다. 준비된 두려움은 무기가 되고, 준비된 떨림은 울림이 된다.

영업은 연습이 허락되지 않는 무대다. 고객과의 미팅에는 오직 '실전'만이 존재한다. 그래서 더더욱 준비에 목숨을 걸어야 한다. 고객이 원하는 것을 간파하는 눈, 어떤 질문을 할지 미리 대비하는 뇌, 제안서 안에 깃든 사려 깊은 전략, 그리고 그 모든 것을 감싸 안을 수 있는 유연한 감정의 근육. 이 장에서는 바로 그 모든 것을 연결하는 '준비의 기술'에 관해 말하려 한다.

지금 우리는 고객을 만나는 순간을 앞두고 있다. 무엇을 어떻게 준비해서 고객을 만날 것인가? 어떤 선물을 준비해야 진심을 담을 수 있을까? 협상 과정에서 어떤 식으로 밀고 당기며 이끌어갈 것인가? 만약 고객이 거절했을 때 어떻게 대처할 것인가? 이 모든 고민의 답은 결국 준비에 있다. 준비는 단순한 사전 작업이 아니다. 그것은 고객에게 건네는 가장 진심 어린 환대이며, 고객의 시간을 아껴주는 사려 깊은 예의다.

이제 영업의 심장을 두드리는 순간이다. 지금껏 쌓아 올린 감정의 다리 위에, 실천이라는 발걸음을 놓아야 할 때다. 고객을 이해했다면, 이제 고객을 설득할 차례다. 준비된 자만이 현장을 지배하고, 준비된 자만이 감동을 현실로 만든다.

"영업은 감정의 기술이자 준비의 예술이다.
설득은 마음에서 시작되지만, 승부는 준비에서 결정된다."

01.
나를 먼저 내보여라

처음 마주한 사람과 눈을 맞추는 일은, 언제나 조금은 어색하고 긴장된다. 말의 시작보다 앞서는 것은 마음의 자세다. 우리는 각기 다른 삶의 지층에서 태어나, 서로 다른 계절을 통과해 왔다. 사고의 뿌리도 다르고, 감정의 강도도 다르며, 삶을 대하는 방식과 철학도 서로 다르다. 그래서 우리는 서로를 만나면 필연적으로 마찰을 일으킨다. 그러나 그 마찰이 반드시 충돌로 이어져야 할까? 아니다. 그 지점에서 우리는 '이해'와 '공감', 그리고 '신뢰'라는 세 가지 다리를 놓아야 한다.

고객을 이해하려면 먼저 자신을 보여주어야 한다. 내가 누구인지, 어떤 생각을 하고 살아왔는지, 무엇을 중요하게 여기는 사람인지. 말 그대로 '나'를 먼저 소개해야 한다. 고객은 상품보다 사람을 먼저 본다. 내 안

의 진심이 언어가 되어 조용히 다가설 때 고객은 마음을 연다. 고객을 설득하기에 앞서 내 자신이 누구인지를 정직하게 드러내는 것이 먼저다.

이해란 상대의 밑에 서는 일이다. 단순히 정보를 해석하는 능력을 넘어 그 사람의 입장에서 세상을 바라보는 것이다. 어원을 따라가 보면, 'understand'는 '그 아래에 서는 것'이라 하지 않는가. 고객의 위치에 서면 그제야 그들이 왜 지금 이 선택 앞에 고민하고 무엇이 불안한지 보인다. 이해는 설득의 수단이 아니라 관계의 출발점이다.

공감은 더 깊은 층위다. 이해가 '지성의 포용'이라면 공감은 '감정의 침잠'이다. 상대의 마음속으로 들어가 그 감정을 함께 느끼는 일, 나의 마음이 상대의 슬픔이나 기쁨에 조용히 떨리는 일이며, 말보다 더 큰 언어가 되는 것이 바로 공감이다. 그것은 연기처럼 스며드는 것이 아니라 삶의 태도로 드러나는 것이다.

신뢰는 가장 마지막에 쌓이는 것이며, 가장 먼저 무너지는 것이다. 신뢰는 누군가의 손을 잡고 그 손의 온기를 믿는 일이다. '신뢰'를 뜻하는 영단어 'trust'의 뿌리가 'troast', 즉 '마음을 놓을 수 있는 편안함'이라는 점은 그래서 의미심장하다. 고객이 나를 만날 때 긴장을 내려놓고 편안함을 느낀다면 그 순간이 바로 신뢰의 시작이다. 신뢰는 행동의 일관성과 정직함에서 피어나는 향기와 같다. 그것은 결코 화려한 말로 이뤄지지 않으며 다만 꾸준함과 진정성으로만 다가갈 수 있다.

결국 고객과 영업사원의 관계는 상품의 매력이 아니라 사람과 사람의 공명에서 출발한다. '이해, 공감, 신뢰'는 영업의 기술이 아니라, 삶의 태도이며 인간적인 깊이다. 그리고 이 모든 과정은 나를 먼저 드러내는 용기에서 시작된다. 감추지 말고, 과장하지 말고, 있는 그대로의 나를 꺼내어 고객 앞에 조심스레 내어 놓아라. 그것이 영업의 첫 문이다.

"고객이 신뢰하는 것은 상품이 아니라 먼저 마음을 내보인 사람이다."

02.
고객의 시간을 소중히 하라

　영업은 사람을 만나고, 그 사람의 시간을 마주하는 일이다. 현장을 방문하여 고객을 직접 상담하는 일은 영업의 꽃이라 불린다. 준비된 상품 정보를 소개하고, 고객의 니즈를 듣고 이해하며, 관계를 쌓아가는 이 모든 일은 대면이라는 물리적 접촉을 통해 이뤄진다. 영업사원이 미팅을 준비하면서 지켜야 할 사항들은 무척 많다. 복장과 태도, 언어의 정중함과 상담 내용의 진실성, 그리고 고객의 이야기를 진심으로 경청하려는 마음가짐까지. 하지만 이 모든 것을 덮어버릴 수 있는 하나의 절대적인 요소가 있다. 그것은 시간이다.

　시간은 가장 공정하면서도 가장 냉정한 자원이다. 한 번 지나가면 다시 되돌릴 수 없고, 누구도 소유할 수 없다. 오직 시간을 '지키는 자'만이 상대의 신뢰를 얻을 수 있다. 약속한 시간을 지킨다는 것은 단순한 습관이 아니다. 그것은 상대방의 인생에서 흘러가는 가장 소중한 것을 존중하고 있다는 조용한 선언이다. 그렇기에 영업사원이 고객을 만나기로 한 그 시간은 단지 미팅의 시작점이 아니라 신뢰의 초침이 움직이는 순간이다.

약속시간을 지키기 위해서는 단순히 '시간을 맞추는 것'만으로는 부족하다. 충분한 여유와 준비, 교통을 비롯한 다양한 변수에 대한 고려, 그리고 정서적 안정까지 필요하다. 전날 무리하게 과음을 했다면 아침 일찍 일어나기 어렵고 정신적 흐름도 흐트러질 수 있다. 몸과 마음이 정리되지 않은 상태에서는 이성적인 판단이 어려워지고, 결국 출발 시간이 늦어질 가능성도 높아진다.

약속시간에 늦지 않기 위해서는 상황 판단이 가능한 상태를 유지하는 것이 먼저다. 그리고 그다음은 환경적 변수에 대한 예측이다. 교통 체증이 예상되는 시간대라면 차라리 일찍 도착해서 기다리는 것이 낫다. 기다림은 준비된 사람이 하는 것이므로 상대에게 전가해서는 안 된다.

만일 어쩔 수 없이 늦게 될 상황이 발생했다면, 중요한 건 빠른 '고지'다. 막히는 도로 위에서 애타게 시간을 세고 있지 말고, 지금 이 상황을 있는 그대로 진심을 담아 알린다. 그것이 바로 상대방의 시간을 존중하는 행동이다. 문자나 카톡 한 줄 혹은 짧은 전화 한 통. 고객이 그 메시지를 받는 순간 기다림의 짜증에서 벗어날 수 있다. 도착 예정 시간은 가능한 구체적으로 전달하고, 상황이 나아질 때마다 다시 갱신된 정보를 알리는 성실함은 '늦음' 그 자체보다 더 인상 깊게 남는다.

늦었을 때의 첫인사는 변명보다 사과가 먼저여야 한다. 그리고 이유는 간결하게 한다. 괜한 핑계처럼 들리지 않도록 조심스럽게 설명해야 하며, 그 뒤의 상담에서 더 정중하고 진심 있는 태도로 신뢰를 회복해 나가야 한다. 고객은 우리가 약속을 어긴 것보다 그것을 어떻게 복원해 나가려는가를 더 중요하게 본다.

어쩌면 태풍이 불고, 차량이 고장나거나, 예기치 못한 사고가 발생할 수도 있다. 1시간 이상 지연될 상황이라면, 고객의 하루 일정에 방해가 되지 않도록 즉시 연락을 하고, 일정의 재조정을 제안해야 한다. 이때 사실대로 말하자. 괜히 상황을 포장하거나 과장된 설명을 늘어놓다 보면, 오히려 고객은 그 진심을 의심하게 된다. 거짓은 지연보다 더 치명적이다.

시간은 눈에 보이지 않지만, 기억에는 뚜렷이 새겨진다. 시간을 지킨다는 것은 단순히 '일찍 오는 것'이 아니라, 상대를 잊지 않았다는 증거이며, 그 마음을 소중히 여기겠다는 약속이다. 영업사원이 반드시 이 원칙을 지켜야 하는 이유는 명확하다. 그것이 곧 신뢰이고, 존중이며, 결국은 관계의 시작과 끝을 결정짓는 가장 순도 높은 약속이기 때문이다.

"약속시간을 지키는 일은,
그 사람의 인생에서 가장 소중한 것을 먼저 지켜주는 일이다."

03.
후각적인 요소도 고려하라

고객을 만나는 그 짧은 순간이 영업의 성패를 가를 수 있다. 영업사원은 미팅 전까지 수많은 준비를 한다. 상품에 대한 완벽한 이해, 고객 니즈 분석, 경쟁사 대비 비교자료 준비까지. 모든 전략은 완비되어 있고, 설명의 흐름도 시나리오처럼 정리되어 있다. 그러나 막상 미팅이 시작된 순간, 어떤 예기치 못한 한 가지 요소로 고객이 마음을 닫아버리는 경우가 있다. 그것은 바로 냄새다.

첫 만남에서 시각은 강력한 힘을 가진다. 정갈한 정장, 깔끔한 헤어스타일, 잘 매칭된 넥타이와 구두, 고객은 이 모든 것을 빠르게 훑고 기억한다. 이 첫인상은 보통 2~10미터 거리에서 형성된다. 하지만 대면 상담이 시작되고 거리감이 좁혀져 1미터 이내로 들어서면 시각보다 더 지배적인 감각이 작동한다. 바로 후각이다. 그 사람의 체취, 입냄새, 땀냄새, 담배냄새. 아무리 잘 차려입고 고급스러운 분위기를 갖추었더라도, 불쾌한 냄새 하나로 모든 준비는 무너질 수 있다.

냄새는 감정과 직결된다. 향기는 호감을 증폭시키지만, 불쾌한 냄새는 고객을 뒷걸음질치게 만든다. 고객은 본능적으로 거리를 확보하려 하고 상담은 길어질수록 고통이 된다. 어떻게든 미팅을 빨리 끝내고 싶어지고, 아무리 좋은 제안을 해도 집중하지 못한다. 후각의 감정 반응이 단순한 불쾌감을 넘어 신뢰와 태도의 문제로 확장되기 때문이다.

그렇다면 냄새 관리를 어떻게 해야 할까? 가장 기본은 청결이다. 고객을 만나기 전 반드시 샤워하고 깨끗한 옷을 입어야 한다. 외출 전 샤워를 하지 않은 상태에서는 아무리 고급 향수를 뿌려도 악취는 가려지지 않는다. 샤워와 옷 정리는 기본이며, 땀이 난 후에는 반드시 몸을 말리고 탈취제를 사용하는 것이 좋다.

습관 또한 냄새의 원인이 된다. 전날 과음으로 인한 알코올 냄새, 식사 후 남아있는 음식 냄새, 그리고 가장 흔하면서도 강력한 냄새인 담배 냄새. 이들은 정장과 손, 머리카락, 심지어는 입 안 구석까지 퍼져 있다. 특히 상담 직전 긴장을 해소하기 위해 피운 담배 한 개비는 모든 준비를 허사로 만들 수 있다. 아무리 정중하고 명확하게 설명을 해도 고객은 담배 냄새 속에서 집중하지 못하고 불쾌한 인상을 끝까지 간직하게 된다.

음식도 중요하다. 특히 오후 미팅이 있는 경우, 마늘, 양파, 청국장, 삼겹살 등의 강한 냄새가 나는 메뉴는 피해야 한다. 이런 향은 양치와 가글만으로는 해결되지 않는다. 향은 입안이 아니라 위장 깊숙한 곳에서 호흡과 함께 올라오기 때문이다. 미팅이 예정되어 있다면, 점심 메뉴 선택도 전략이다.

냄새는 흔적이다. 시각적 인상은 사라질 수 있어도, 후각적 기억은 오래 남는다. 어떤 사람은 향수로, 어떤 사람은 깔끔한 바디워시 향으로 기억된다. 향기로운 사람이라는 인상은 전문성보다 오래 남고, 때로는 그 자체가 호감의 이유가 되기도 한다.

결국 냄새 관리는 예의이자 배려이며, 나아가서는 관계의 품격이다. 아무리 뛰어난 화술과 논리, 준비된 자료가 있어도 상대의 감정을 지배하는 감각 하나로 인해 영업의 흐름이 차단될 수 있다는 사실을 우리는 가볍게 여겨서는 안 된다. 향기로 기억되는 사람, 가까이 다가가고 싶은 사람, 그것은 영업사원이 가져야 할 보이지 않는 경쟁력이다.

"좋은 향기는 말보다 오래 남고, 신뢰보다 먼저 도착한다."

04.
미팅 전에 준비해야 할 것

사람을 설득하는 일은 단순히 말을 잘하는 것만으로는 부족하다. 특히 영업 현장에서의 설득은 말이 아니라 더 깊고 넓은 사전 준비에서 승부가 갈린다. 고객과 마주 앉아 상품을 설명하는 시간은 고작 몇십 분이지만, 그 짧은 시간이 고객의 신뢰를 얻고, 선택을 끌어내는 '결정적 시간'이 되기 위해서는 그 몇십 분을 위해 쌓아올린 보이지 않는 수많은 시간이 필요하다.

영업사원이 고객을 만나기 전, 가장 먼저 해야 할 일은 이번 미팅의 목적이 무엇인지 정확히 정의하는 것이다. 이번 만남은 관계의 시작인가? 아니면 상품 소개를 위한 자리인가? 혹은 과거의 불만을 해소하고 신뢰를 회복해야 하는 순간인가? 목적이 모호하면 방향이 흐려지고, 방향이 애매하면 아무리 정성껏 준비한 자료도 고객의 마음에 닿지 않는다. 고객은 '무엇을 얻을 수 있는가'보다 먼저 '이 만남의 의미는 무엇인가'를 직감으로 받아들이기 때문이다.

미팅의 목적을 명확히 했다면, 다음은 실무적 디테일이다. 시간, 장소, 참석자 명단, 미팅 공지. 별것 아닌 것 같지만, 이것이 무너지면 미팅 자체가 무의미해진다. 참석자들의 역할과 이름, 직책은 물론, 가능한 그들의 관심사나 최근 활동까지 파악해두는 것은 필수다. 링크드인이나 SNS를 통한 사전 정보 조사 역시 요즘 시대의 중요한 예의이며 전략이다. 상대를 안다는 것, 그것은 설득 이전에 상대에 대한 존중이다.

이제 본격적인 자료 준비가 필요하다. 제안서는 완결된 단일안이 아니라 고객이 스스로 선택할 수 있도록 구성해야 한다. 상황별 대응안, 예산 조건별 솔루션, 기능적 대안 등 다양한 선택지를 준비할수록 고객은 '이 사람은 나를 생각하고 준비했구나.' 하고 신뢰감을 느끼게 된다. 복잡한 기술적 사양을 포함하는 경우에는 핵심 요약본과는 별개로 누구나 쉽게 이해할 수 있는 해설 자료도 준비하는 것이 좋다. 발표의 명확성은 설득의 기본이며, 이해되지 못한 설명은 공허한 독백에 불과하다.

그리고 중요한 전략 한 가지. 미팅이 시작되기 전, 간단한 아젠다와 주요 안건을 미리 공유하라. 고객은 준비된 사람을 좋아하고, 예측 가능한 흐름 안에서 더욱 편안함을 느낀다. 이는 단순히 효율의 문제가 아니라 고객의 시간을 존중하는 방식이다. 특히 미팅이 난이도가 높은 기술적 논의로 이어질 경우, 사전 숙지용 자료를 보내놓으면 미팅 시 토론의 깊이와 질을 높일 수 있다.

그러나 가장 중요한 준비는 시간을 확보하는 것이다. 자료의 콘셉트가 아무리 훌륭해도 준비 시간이 부족하면 깊이가 얕고 돌발 상황에 대한 대응력이 떨어진다. 예상 질문에 대한 모의 대응, 부정적 반응에 대한 시뮬레이션, 논쟁적 상황에 대비한 리허설까지, 충분한 시간을 들여 심리적 여유를 갖고 준비한 사람만이 위기의 순간에도 흔들리지 않는다.

끝으로 잊지 말아야 할 한 가지가 있다. 결과보다는 기억이 중요하다. 그날 미팅이 원하는 결과로 마무리되지 않았더라도, 고객은 그 미팅을 위해 영업사원이 얼마만큼 준비하고 고민했는지를 정확히 기억한다. 관계는 반복되고, 기회는 다시 온다. 준비된 정성은 사라지지 않고 고객의 마음 속에 마일리지로 쌓인다.

"미팅은 단지 오늘만을 위한 이벤트가 아니다.
그것은 내 진심이 고객의 내일에 닿을 수 있도록 하는 정성어린 설계다."

05.
고객이 직접 선택하게 하라

　영업사원의 설득이 아무리 완벽해도, 고객 스스로 선택하지 않으면 그 결정은 오래가지 않는다. 진정한 선택은 외부의 말이 아니라 내부의 공감에서 일어난다. 그렇기에 영업사원이 해야 할 일은 고객의 상황에 맞는 다양한 가능성을 제시한 후, 그 선택의 주도권을 고객의 손 안에 조용히 놓아주는 것이다.

　일차 미팅이 잘 마무리되고, 상품에 대한 설명도 충분히 이루어졌다면 이제는 영업사원이 제안한 내용들이 고객의 삶 속으로 스며들어야 할 시간이다. 그러나 대부분의 고객은 상품의 필요를 느끼더라도 쉽게 결정을 내리지 못한다. 경쟁 제품이 넘쳐나고 옵션이 많아질수록 고객의 고민은 깊어진다. 고민의 쟁점은 '무엇을 사야 하느냐'보다 '이 중 무엇이 나에게 가장 적합한가'이다. 이 고통스러운 질문 앞에서 많은 고객은 선택을 유예하거나 회피한다. 영업사원은 바로 이 고민의 허들을 낮추어주는 사람이 되어야 한다.

　이때 가장 중요한 접근 방식은 고객이 스스로 선택하게 만드는 전략이다. 마치 식당의 메뉴판처럼 상황과 예산, 목적에 따라 선택할 수 있는 다양한 제안서를 마련해야 한다. 오늘의 메뉴처럼 가성비 좋은 기본 상품, 고급 사양을 원하는 고객을 위한 프리미엄 제안, 기능 중심의 전문 제품까지. 이렇게 다층적인 선택지를 구성하면 고객은 자신의 경제 상황과 욕구에 맞추어 합리적 판단을 할 수 있게 된다. 이 과정 자체가 고객에게 존중받는 느낌을 선사하고, 동시에 심리적 부담도 덜어준다.

그러나 여기에도 맥이 있다. 다양한 선택지를 주는 것이 항상 정답은 아니다. 선택지가 많아질수록 망설임은 깊어지고, 결정의 시간은 미뤄진다. 특히 결정을 잘 내리지 못하는 고객의 경우, 영업사원은 선택지를 '두 개'로 줄여야 한다. 하나는 누구나 끌릴 만한 A^+ 옵션, 다른 하나는 일부러 선택되지 않도록 구성한 D^- 옵션. 이 둘 사이의 간극은 고객의 마음에 자연스럽게 A^+를 부각시키고, 선택을 유도한다.

이때 중요한 건 '설득'이 아니라 '기다림'이다. 고객이 시간이 필요하다면 그 시간을 선물하라. 고객이 지인과 상의하고 싶다면 기꺼이 여유를 주어라. 그 여유 안에서 고객은 스스로 결정을 내리고, 그 결정에 책임을 느낀다. 그리고 마침내 고객이 "A^+가 좋은 것 같아요"라고 말했을 때, 영업사원은 "그렇군요, 왜 그렇게 생각하셨어요?"라며 결정의 이유를 고객 스스로 입 밖에 내게 유도해야 한다. 이 순간 고객은 자기 확신으로 상품을 구매하게 되고, 그 선택은 외부의 설득이 아닌 자기 내면의 판단에 의해 이뤄진 것이기에 충성도와 만족도는 훨씬 높아지게 된다.

영업은 고객의 마음을 지배하는 일이 아니다. 마음 속에 내재된 필요와 욕망을 정중하게 비추는 일이다. 그러기 위해서는 다양한 제안을 준비하고,

고객의 심리적 리듬에 맞추어 타이밍을 조율하며, 최종 선택이 스스로의 결정으로 이루어지도록 도와야 한다.

때로는 기다림이 최고의 전략이 되고, 선택을 단순화시키는 것이 최고의 배려가 된다. 고객이 "나 스스로 결정했다."고 느낄 수 있는 환경을 만들어주는 것이 진정한 영업의 기술이자 예의다.

"진정한 설득은 말이 아닌 여백에서 이루어진다.
고객이 선택의 주인이 될 때, 우리는 이미 성공한 것이다."

06.
소개자료는 어떻게 작성되어야 하는가

고객 앞에 서는 순간, 우리는 한 장의 소개자료로 나와 회사를 증명해야 한다. 단지 종이나 화면에 담긴 몇 줄의 문장이지만, 그 안에는 우리의 정체성과 방향성, 그리고 상대를 향한 배려까지 모두 담겨 있어야 한다. 소개자료는 설명서가 아니라 첫인상이다. 고객은 그 자료를 통해 우리가 누구인지, 얼마나 진심을 다하고 있는지를 무의식적으로 느낀다. 그러니 프로젝트에 참여하거나 바이어를 만나게 된다면, 상황에 맞게 옷을 갈아입듯이 자료 또한 정성껏 준비해야 한다.

형식적인 소개자료는 오히려 우리의 진심을 가리는 커튼이 될 수 있다. 모든 상황에 통용될 것 같은 '범용 자료'를 내민다면, 고객은 그 속에서 우리를 발견하지 못한다. 자료는 고객의 눈 높이에 맞춰 정리되어야 한다. 우리가 무엇을 보여주고 싶은가가 아니라, 그들이 무엇을 보고 싶어 하는가를 먼저 생각해야 한다. 그것이 배려의 시작이다.

고객사의 홈페이지에 들어가 본다. 브랜드의 색감, 홈페이지의 톤, 이미지 선택의 방향, 그리고 글꼴 하나까지. 그런 세세한 결을 살펴보면 그 회사가 추구하는 철학이 보인다. 그 철학에 맞춰 우리 자료의 시각적 언어를 조율한다면, 고객은 자신들의 내부 자료를 '받아본 것 같은 편안함'을 느끼게 된다. 이 작은 디테일은 단순한 기술을 넘어 정성의 언어가 된다.

특히 우리 회사가 브랜드 인지도나 시장 점유율이 낮은 경우에는 말보다 증거가 먼저다. 설명이 아닌 증명이 필요하다. 기술적 데이터, 테스트 리포트, 인증서, 논문 등의 객관적인 수치와 사례를 중심으로 구성된 자료는 신뢰를 쌓는 가장 현실적인 도구가 된다. 고객은 말보다 '결과'를 신뢰하고, 설명보다 '사실'을 기억한다.

예컨대, 독일의 정밀한 공정과 기술을 자랑하는 Pink GMBH에 자료를 보낼 때라면, 그들의 정서에 맞는 색감과 레이아웃, CI의 조형 언어까지 고려하여 자료를 정리해야 한다. 때로는 단 하나의 서체 선택이, 단 하나의 페이지 레이아웃이 우리를 '진지한 파트너'로 만들기도 한다.

소개자료는 설득의 무기가 아니라 배려의 손짓이다. 우리는 그 손끝으로 고객의 마음을 먼저 어루만져야 한다.

> "고객이 듣고 싶은 말은 우리가 누구인지가 아니라
> 그들이 얼마나 존중받고 있는가다."

07.
열 번 보는 것보다 한 번 해보는 것이 낫다

　기술을 소개하는 자리에 설 때, 우리는 종종 중요한 사실 하나를 잊는다. 지금 이 순간 우리가 말하고 있는 이 기술용어는, 누군가는 생전 처음 듣는 낯선 언어라는 사실이다. 발표자에게는 익숙한 개념이고, 수십 번 설명한 기능일지라도, 듣는 이에게는 처음 접하는 단어, 처음 접하는 논리다. 바로 그 낯섦의 골짜기를 건너게 해주는 다리가 '배려'와 '이해'다. 기술을 소개한다는 것은 결국 기술을 파는 일이 아니라, 이해를 선물하는 일이다.

　자료를 만들 때 고민해야 할 가장 중요한 것은 '무엇을 말할까'가 아니라 '어떻게 들릴까'이다. 아무리 완벽한 PPT일지라도 청중이 이해하지 못하면 그것은 무용지물이다. 우리는 매순간 청중의 눈높이에서 다시 시작해야 한다. 복잡한 개념은 쉬운 말로 풀고, 어려운 기술은 친근한 예시로 설명해야 한다. 한 장 한 장 슬라이드를 넘길 때마다, 내 말이 그들의 현실에 닿고 있는지를 자문해야 한다.

　특히 바이오메트릭 스마트카드나 복잡한 인증 기술처럼 이해가 쉽지 않은 기술을 소개할 때는 직접 경험할 수 있는 체험형 방식이 더 효과적이다.

손으로 만지고, 눈으로 확인하고, 짧은 시간이라도 직접 써보는 경험은 단순한 설명보다 훨씬 더 강력한 이해와 설득을 낳는다. 기술을 말하기보다는 기술을 느끼게 해주는 것, 그것이 진짜 전달이다.

기술을 자랑하고 싶을 때일수록, 우리는 말을 줄이고 고객의 입장을 넓게 봐야 한다. 기술은 목적이 아니다. 고객의 문제를 해결하고, 그들이 더 나은 결정을 내릴 수 있도록 돕는 도구일 뿐이다. 그러니 우리는 기술의 복잡함을 드러내는 사람이 아니라, 그 기술이 얼마나 사람에게 가까이 갈 수 있는지를 보여주는 사람이어야 한다.

> "기술을 설명하려 하지 마라.
> 기술이 고객의 삶과 만나는 지점을 보여줘라.
> 그때 이해가 시작된다."

08.
전문성이 신뢰를 낳는다

끈기만 있으면 무엇이든 이룰 수 있다는 말은 때로 위로가 되고, 때로 아집이 된다. 영업 현장에서라면 그 말은 재고할 필요가 있다. 신뢰 없는 끈기는 설득이 아니라 고집이 되고, 호의가 아니라 부담이 된다. 고객이 나를 신뢰하지 않는데도 내가 반복적으로 문을 두드린다면 고객의 마음은 조용히 닫힌다. 자리를 피하거나 연락을 차단하거나 이유 없는 침묵으로 답할 것이다. 고객의 피로는 결국 회피로 귀결되고, 그 회피는 영업사원이 가장 두려워하는 단절을 낳는다.

그래서 끈기보다 먼저 필요한 것은 신뢰다. 그리고 그 신뢰의 뿌리는 전문성이다. 고객은 영업사원을 믿지 않는다. 단지 믿지 않으려는 것이 아니라, 처음부터 믿을 준비가 되어 있지 않다. 통계에 따르면 단 3%의 고객만이 영업사원을 신뢰한다고 응답했다. 다시 말해 우리는 97%의 불신을 전제로 첫 대화를 시작하는 것이다. 이 불신 앞에서 반복적으로 찾아오는 끈기만으로는 아무것도 이룰 수 없다.

이 벽을 넘기 위한 유일한 다리가 있다면, 그것은 '전문성'이다. 고객은 내가 말을 잘하는지보다 내가 제대로 아는지를 본다. 말이 많아도 근거가 없으면 불신은 더 커진다. 내가 전하는 정보, 내가 보여주는 자료, 내가 꺼내는 질문들이 이 산업에 대한 깊이 있는 이해에서 출발했음을 보여줄 때, 고객은 비로소 나를 '영업사원'이 아니라 '파트너'로 인식하기 시작한다.

전문성은 화려한 설명이 아니다. 고객이 모르고 있던 시장의 흐름, 미처 주목하지 못했던 사례, 중요한 데이터를 던져주면서 "이 사람은 우리보다 시장을 더 깊이 보고 있구나."라는 인식을 주면 된다. 제품이 아니라 문제를 이야기해야 한다. 고객이 당면한 고민과 제약사항, 해결의 방향을 말해주면, 고객은 비로소 고개를 든다. 말을 듣기 시작하고, 마음을 열 준비를 한다. 바로 그 지점에서 공감이 시작된다.

영업사원은 고객과 마주 앉은 존재가 아니라, 고객 옆에 앉은 사람이어야 한다. 문제를 바라보는 방향이 같고, 함께 고민해야 비로소 고객은 '이 사람은 우리 편과 같은 사람이야.' 하고 느끼게 된다. 그리고 보이지 않는 곳에서 신뢰가 쌓이기 시작한다. 화려하지 않고, 눈에 띄지도 않지만, 결정적인 순간에 고객의 선택을 좌우하는 결정적인 요인으로 작용한다.

끈기는 이 신뢰 위에서만 힘을 발휘한다. 신뢰 없는 끈기는 무례하고, 전문성 없는 반복은 불편하다. 반대로 신뢰 위에 놓인 끈기는 고객에게 강한 기억으로 자리잡고, 언제든 다시 찾고 싶은 사람으로 나를 기억하게 한다.

고객은 설득당하는 것이 아니다. 스스로 납득하고, 스스로 선택한다. 그리고 그 선택의 출발점은 '신뢰'다. IBM도, SAP도, GE 헬스케어도 고객 접점의 최우선 전략으로 '전문성을 바탕으로 한 신뢰 구축'을 택한다. 그들의 영업은 이제 제품을 파는 일이 아니라, 신뢰라는 기반 위에 '파트너십'을 구축하는 일이다.

우리의 영업도 마찬가지다. 고객의 편에서 함께 고민하는 전문가. 그것이 우리가 나아가야 할 자리고, 우리가 오래도록 남아야 할 자리다.

"신뢰는 반복의 힘이 아니라, 전문성이 만든 온기의 결과다."

09.
인과관계를 뒤집는 창조적 영업

　모든 현상에는 원인이 있다. 결과가 있기 위해서는 반드시 그에 해당하는 원인, 즉 필요 요소와 과정이 선행되어야 한다. 도미노 블록을 떠올려 보자. 첫 블록이 쓰러지면 연이어 다른 블록들이 순차적으로 쓰러져 나간다. 하지만 이 단순해 보이는 흐름 안에는 눈에 보이지 않는 정교한 설계가 존재한다. 각각의 블록은 적정한 거리와 적정한 힘이라는 조건 위에 놓여야만 비로소 마지막 블록까지 완성도 있게 쓰러진다. 결과를 위해 반드시 필요한 원인들의 총합, 그것이 바로 인과의 힘이다.
　인과관계는 법률, 철학, 사회, 과학, 심지어 종교에 이르기까지 인류의 모든 이성 체계에서 중심 원리로 작동한다. 선행된 행위가 결과를 낳고 조건이 갖춰졌을 때 사건은 발현된다. 불교에서 말하는 인과응보처럼 우리가 오늘의 결과 앞에 서게 되는 이유는 어제 우리가 뿌린 원인이 있었기 때문이다. 하지만 여기에서 멈추지 말고 오늘은 그 인과의 방향을 뒤집어 보자. 결과를 먼저 '선택'하고, 그 결과를 현실화하기 위해 필요한 원인들을 지금 이 자리에서 만들어가는 방식, 그것이 바로 과인관계다.

과인관계란 간단히 말해, 내가 얻고자 하는 최종 결과를 먼저 마음속에 '선택'하고, 그 결과에 필요한 원인들을 내 주위에서 창조하는 것이다. 먼저 스스로에게 묻는다. 내가 원하는 결과는 무엇인가? 그리고 그 결과를 이루기 위해 필요한 조건들은 무엇인가? 그 조건들을 지금 당장은 가지고 있지 않을 수 있다. 하지만 주위를 둘러보면, 수많은 가능성들이 나를 기다리고 있다. 손만 뻗으면 닿을 곳에 있는 그 가능성들을 나의 선택과 노력으로 하나씩 현실화해 나간다면, 결과는 먼 훗날이 아니라 지금 이 순간부터 드러나기 시작한다.

간단한 예를 들어 보자. 전날 과음으로 숙취에 시달리는 필자는 얼음이 동동 떠 있는 시원한 꿀물을 간절히 원한다. 하지만 냉장고엔 꿀도 없고, 얼음도 없다. 대부분은 여기서 멈춘다. "아무 것도 없으니 별 수 없지." 이것이 전통적인 인과적 사고다. 그러나 과인적 사고는 다르다. 이미 시원한 꿀물을 마시고 있는 나를 먼저 상상하고, 선택한다. 그리고 꿀과 얼음을 사기 위해 무거운 몸을 이끌고 슈퍼로 향한다. 그렇게 하나씩 필요한 조건들을 채워나간다. 결국 나는 꿀물을 마신다. 내가 선택한 결과가 만들어진 원인을 이끌어 낸 것이다.

또 다른 예도 있다. 누구나 경제적 독립을 꿈꾼다. 하지만 많은 사람들이 "나는 자본이 없기 때문에 사업을 시작할 수 없다."고 말한다. 자본이 없는 것은 사실일 수 있다. 그러나 그것은 단지 출발선일 뿐 종착지가 아니다. 과인관계의 시선으로 본다면, 나는 이미 나만의 사업을 운영하며 자유롭게 일하고 있는 미래의 나를 선택한다. 그리고 그 선택을 현실화하기 위해 필요한 자본이라는 조건을 주위에서 창조하기 시작한다. 대출, 투자, 지인의 도움, 크라우드 펀딩, 어떤 가능성도 기꺼이 손을 내밀어 기다리고 있다. 그것들을 하나씩 맞이하고 실현해 나가면, 결과는 반드시 나타난다.

이제 이 사고를 영업에 대입해 보자. A 고객은 내 상품에 관심이 없다. 나를 잘 만나주지도 않는다. 그리고 항상 돈이 없다고 말한다. 많은 영업사원들이 여기서 포기한다. "조건이 안 맞기 때문에 계약이 불가능하다." 그러나 진짜 마인드셋은 여기서 시작된다. 가장 먼저 A 고객에게 판매에 성공한 나를 선택한다. 그리고 그 결과를 이루기 위해 필요한 모든 조건들을 준비하고 만들어 나간다. 고객과의 관계를 누적하고, 타이밍을 기다리고, 고객의 관심사를 탐색하고, 고객이 감당할 수 있는 금융 조건을 조사해 제안한다. 결국 고객은 나의 제안을 수용하고 판매를 성사시킨다.

우리가 기억해야 할 것은 단 하나다. 결과는 언제나 먼저 '선택'되어야 한다. 선택된 결과는 그에 걸맞은 원인을 이끌어 내기 위한 나의 실천을 기다린다. 그 실천 속에서 나는 주위의 가능성들을 현실로 바꾸고, 원인을 창조한다. 그리고 그 창조된 원인들이 합을 이룰 때, 나의 선택은 눈앞에 도달하게 된다. 내 수첩에 적힌 잠재 고객 리스트는 단순한 명단이 아니다. 그것은 이미 내가 선택한 결과의 증표다. 나는 그들 모두에게 이미 판매에 성공한 미래를 선택했다. 지금 나는 그 선택을 증명하는 하루를 살아가고 있다.

"결과는 나중에 오는 것이 아니다.
먼저 선택한 자만이 그것을 창조해 낼 수 있다."

10.
현장교육의 중요성

 우리는 좋은 제품을 가지고 있다. 뛰어난 기술력과 아이디어로 무장된 상품을 기획했고, 정성스러운 개발 과정을 거쳐 시장에 내놓을 준비를 마쳤다. 그러나 이 모든 노력의 끝자락에서 정작 결정적인 순간은 고객을 마주한 영업사원 한 사람의 입과 손에 달려 있다. 아무리 정교하게 설계된 상품이라 해도, 그 가치를 100% 이해하지 못한 채 고객 앞에 선다면, 그 제품은 세상에 태어난 이유조차 증명하지 못한 채 조용히 사라질 수밖에 없다.
 영업사원이 상품을 기획하지 않았고, 개발에 참여하지 않았다면 더욱 그렇다. 그는 단지 회사로부터 제품을 공급받아 그것을 설명하고 전달해야 하는 역할을 맡고 있다. 하지만 그 설명의 깊이가 얕고 그 전달의 강도가 부족하다면, 고객은 제품을 이해하지 못하고 결국 선택하지 않는다. 중요한 것은 기능이 아니라 가치이고, 그 가치는 영업사원의 말과 태도, 설명의 논리와 감정의 언어를 통해 살아 움직인다.
 복잡한 기술이 적용된 상품일수록, 교육은 단순한 정보 전달이 아닌 의미의 재해석이 되어야 한다. 그러나 문제는 그 깊은 의미가 종종 '누락'된

채 다음 사람에게 넘어간다는 데 있다. 상품 기획자에서 개발자, 마케팅팀을 거쳐 영업사원에게로. 그다음은 대리점 사장, 그 밑의 마케팅 매니저와 현장 영업사원, 서브 딜러를 지나 마침내 최종 소비자에게까지. 그 사이에서 단 한 사람이라도 제대로 이해하지 못하면 최종 고객에게 도달하는 메시지의 순도는 급격히 떨어진다.

만약 해외 시장이라면 이 간극은 더 커진다. 언어의 장벽과 문화의 차이, 교육 인프라의 부족까지 겹쳐, 본래의 가치가 '왜곡'되어 도달할 가능성이 매우 크다. 문서만으로는 100% 전달하기 어렵고, 번역된 자료로는 제품 고유의 숨결을 전달하기 어렵다. 그래서 영업사원은 끊임없이 현장을 누비며 직접 설명하고 반복적으로 교육해야 한다. 100% 이해를 시킨 후에도 시간이 지나면 70%, 60%로 그 이해도는 서서히 떨어진다. 한 번의 브리핑으로 모든 것이 끝났다고 생각하면 오산이다.

그러므로 진짜 영업은 지속적인 교육에서 실현된다. 직접 방문이 어려운 경우라면 온라인 웹이나 영상 교육, 심지어 1:1 실시간 화상 피드백이라도 감행해야 한다. 누구보다 먼저 알아야 할 것은 영업사원 자신이며, 가장 오래 기억해야 할 사람은 최종 고객이다. 영업사원과 고객 사이에 서 있는 모든 이들에게 끊임없이 동일한 밀도의 메시지를 전달해야만 제품은 시장에서 살아 숨쉬게 된다.

이 교육은 단순한 기능 설명이 아니라, '왜 이 제품이 당신의 삶에 필요하며, 어떤 방식으로 그것이 문제를 해결하고 가치를 줄 수 있는가?'를 설득하는 감정의 언어로 구성되어야 한다. 상품은 언젠가 사라지지만 의미와 감동은 기억에 남는다. 그러기 위해서는 영업사원은 상품의 사양을 '암기'하는 수준이 아니라, 상품을 삶의 일부처럼 체화해야 한다. 그 깊이는 단순한 정보로서 존재해서는 안 되며 신경망처럼 중추에서 말초까지 퍼져 나가는 에너지의 흐름이어야 한다.

뇌에서 발가락 끝까지, 감각이 흐르지 않는다면 인간은 걷지 못한다. 마찬가지로 상품의 기획 의도가 최종 소비자까지 닿지 않는다면, 그 영업은 제자리를 맴돌 뿐이다. 영업의 깊이는 머리로 이해하고 손끝으로 말하는 것을 넘어, 고객의 마음에 스며들 수 있을 만큼 정제된 지식과 감정의 혼합물이어야 한다.

그렇기 때문에 교육은 단 한 번의 행사가 아니라 끊임없이 시장 끝단까지 파고드는 생존의 기술이다. 진정한 영업은 전달하는 것이 아니라 되살리는 일이다. 이미 사라져 가는 가치를 다시 불러오고, 잊혀져가는 제품의 철학을 복원하는 것, 그것이야말로 고수 영업사원이 반드시 걸어야 할 길이다.

"영업은 단지 상품을 판매하는 일이 아니다.
그것은 제품의 영혼을 고객의 삶 안으로 이식하는 일이다."

11.
고객의 어려운 질문에 대처하는 법

영업사원이 가장 두려워하는 순간은 언제일까? 고객 앞에서 상품을 설명하다 예상치 못한 질문을 받았을 때, 자신도 대답하기 어려운 기술적 질문이나 곤란한 이슈가 튀어나왔을 때다. 그때의 침묵은 유난히 무겁고, 심장은 요동치며 이내 입술이 바싹 마른다. 순간적으로 무언가를 말해야 한다는 압박에 쫓기다 보면, 때로는 잘 알지도 못한 내용을 어설프게 말하거나, 혹은 적당히 둘러대며 상황을 모면하려 하기도 한다. 하지만 그러한 대처는 단기적으로 위기를 피하는 것처럼 보일 수 있어도, 장기적으로는 신뢰의 붕괴라는 더 큰 손실로 이어지기 쉽다.

영업사원이 현장을 두려워하는 본질적인 이유는 '모르기 때문'이 아니라, '모른다는 사실을 인정하지 못하기 때문'이다. 그러나 아이러니하게도 진정한 신뢰는 '모른다'는 용기에서 시작된다. 고객은 완벽한 설명을 요구하는 것이 아니라, 자신의 고민을 진지하게 받아들이고 진정성 있게 접근하는 태도를 원한다.

그렇다면 어떻게 준비해야 할까? 현장에 나가기 전 예상 질문에 대한 시뮬레이션을 진행해 보자. 상품 고유의 사양과 성능에 대한 브리핑을 준비했던 것과 동일한 수준으로, 고객이 가질 수 있는 걱정, 불만, 의문을 미리 정리하고 그것을 고객의 입장에서 재구성해 보자. 고객에게 감정이입하여 마치 '고객의 눈과 귀를 빌려 내가 나를 바라보는 것'처럼 리허설을 해 보자.

하지만 아무리 준비해도 예측 불가한 질문은 존재하기 마련이다. 이때 영업사원이 해야 할 가장 좋은 자세는 솔직함과 고객을 우선하는 태도를 보이는 것이다.

"이 부분은 지금 정확한 답변이 어렵습니다. 하지만 고객님이 어떤 점을 중요하게 생각하시는지 알게 되어 정말 감사합니다. 조금만 시간 주신다면 제가 정확한 정보를 확인해서 연락드리겠습니다."

겸손하고 솔직한 답변은 때로 세련된 답변을 뛰어넘는다. 왜냐하면 거기에는 진심이 있고, 배우고자 하는 겸손의 태도가 있기 때문이다.

그리고 절대 잊지 말아야 할 한 가지. 고객의 어려운 질문은 '장애물'이 아니라 그 자체로 영업의 중요한 힌트이자 길잡이라는 사실이다. 고객은 지금 무엇을 궁금해하는가? 왜 이 질문을 던졌는가? 무엇이 불안하거나, 확신이 부족한가? 이 모든 질문은 고객의 '니즈'를 들여다볼 수 있는 창이며, 동시에 해결책을 제시할 수 있는 기회다.

현장에서 당당할 필요는 없다. 오히려 때로는 솔직한 무장이 고객의 마음을 여는 열쇠가 된다. 대답을 회피하지 않고, 진지하게 듣고, 기록하고, 이해하려는 태도 자체가 고객에게 깊은 신뢰를 심어주기 때문이다. 영업사원이 해야 할 일은 모든 질문에 완벽히 답하는 사람이 되는 것이 아니라, 질문을 함께 끌어안고 끝까지 답을 찾아가는 사람이 되는 것이다.

정답을 줄 수는 없어도, 함께 고민할 수 있다는 그 진심 하나만으로도, 고객은 당신을 선택할 것이다.

"모든 질문에 대답할 수 없어도 괜찮다.
중요한 것은 그 질문 앞에서 흔들리지 않는 태도다."

12.
고객과 함께 만들어가는 제품

제품을 소개할 때 가장 흔하게 범하는 실수가 있다. 자사 제품의 자랑하고 싶은 장점을 서두에 배치하는 것이다. 기술적으로 앞섰다는 것, 기능이 독보적이라는 것, 우리 입장에서야 너무도 말하고 싶은 이야기지만, 정작 고객은 그 이야기에 귀를 기울이지 않는다. 고객의 시선은 늘 하나의 질문 앞에 멈춰 있다.

"이 제품이 지금 내 불편함을 해결해 줄 수 있는가?"

이 질문에 먼저 답하지 않는다면, 우리의 설명은 그저 소음일 뿐이다.

그러므로 제품 소개는 '장점'이 아닌 '불편함'에서 시작해야 한다. 지금 시장에서 고객들이 반복해서 말하는 고충, 이미 여러 차례 제기된 불만, 각 고객사마다 실제로 겪었던 사용상의 불편함. 바로 그곳에서 서사를 시작해야 한다. 고객이 고개를 끄덕이는 지점에서 이야기를 시작할 때, 비로소 우리는 그들과 같은 시선, 같은 현실에 서게 된다.

그다음은 '해결'이다. 우리가 어떻게 그 불편함을 없앴는지를 차분히 보여주어야 한다. "이제 불편을 끼치던 문제는 해결되었습니다."라는 메시지가 자연스럽게 이어진 후에야, 제품의 장점이 의미를 가지기 시작한다. 그 장점들 역시 스펙의 나열이 아니라, 실질적인 이익으로 환산되어야 한다. 단순히 '기능이 좋아졌다'가 아니라, "그 기능 덕분에 작업 시간이 단축되었고, 유지 비용이 줄었으며, A/S 빈도가 현저히 감소했다."는 식의 이야기로 풀어나가야 한다. 시간, 비용, 편의성 등 고객이 피부로 느낄 수 있는 수치로 환산되어야 한다.

이때 말보다 숫자가 낫고, 숫자보다 그림이 낫고, 그림보다 영상이 낫다. "불량률이 0.7%로 감소했다.", "공정 시간이 20% 줄었다.", "설치 공정이 5단계에서 3단계로 축소됐다."는 식의 수치화된 성과는 설득하는 데 핵심적인 무기가 된다. 그리고 그런 수치를 시각화한 이미지, 현장의 생생함을 담은 사진, 장비가 실제로 작동하는 모습을 담은 영상은 고객의 이해를 돕는 동시에 신뢰를 높인다. 사람은 귀보다 눈을 더 믿고, 눈보다 손을 더 믿는다.

그러므로 궁극적으로 가장 효과적인 제품 소개는 '직접 경험'이다. 가능하다면 고객을 현장으로 초대하는 것이 좋고, 여의치 않다면 이동형 데모 키트를 준비하더라도 직접 찾아가야 한다. 비용이 든다 해도 고객이 제품을 직접 보고, 만지고, 테스트해볼 수 있도록 지원하는 것은 가장 강력한 설득 방법이다.

그리고 소개는 설명으로 끝나지 않는다. 고객은 늘 피드백을 남긴다. 어떤 기능이 아쉽다거나, 어떤 점이 좋았다는 의견들이 쌓인다. 그 피드백을 받아들이는 것은 다음 개발의 방향을 정하는 일이고, 시장과 함께 호흡하며 성장해 나가는 유일한 길이다. 제품이 완벽하다고 주장해서는 안 된다. 시장과 함께, 고객과 함께 완성되어 가는 존재임을 보여주는 데 주력해야 한다.

그래서 제품 소개는 '판매의 종착지'가 아니라, '공동 개발의 시작점'이어야 한다. 단 한 번의 설명으로 모든 것을 끝내려 하지 말고, 고객과 함께 그 자료를 수정하고, 보완하고, 함께 다듬어 나가야 한다. 그렇게 다듬어진 신뢰와 이해가 결국 계약서 위에 사인을 이끌어내는 힘이 된다.

"제품을 팔려고 하지 말고 고객의 문제를 함께 해결하자.
그 과정이 곧 최고의 제품 소개다."

13.
고객의 피드백에 주목하라

피드백은 고객과 함께 제품을 완성해나가는 대화다. 영업사원이 제품을 소개하고, 거래가 성사되었다고 해서 일이 끝나는 것은 아니다. 진짜 영업은 그다음부터 시작된다. 고객은 제품을 사용하면서 불편함을 느끼고, 개선점을 발견하고, 때로는 불만을 표현한다. 여기서 중요한 것은 그 피드백이 불만이 아니라 기회라는 것이다.

영업사원은 고객의 피드백을 단순 '정보'로 받아들이지 말고, 신뢰의 증거로 인식해야 한다. 고객이 아무 말 없이 떠나지 않고 피드백을 준다는 것은 우리에게 시간을 쓰고, 기대하고 있다는 뜻이다. 이 피드백을 놓치면 고객은 다시는 우리에게 눈길을 주지 않을 것이다.

여기서 피드백은 세 단계로 작동한다:

받는다 - 고객의 의견을 막지 않고, 빠짐없이 경청한다.

반영한다 - 피드백을 내부에 공유하고, 개선 또는 조치의 과정을 거친다.

되돌려준다 - "이렇게 개선했습니다."라고 다시 고객에게 피드백을 보낸다.

이 흐름이 끊기면 고객은 '내 말을 듣지 않는 회사'로 기억하고 떠난다. 반면 이 흐름이 반복되면, 고객은 우리 제품의 공동 개발자이자 조언자로 등극하게 된다. 결국 피드백은 제품을 완성시키는 마지막 퍼즐이며, 신뢰를 굳히는 결정적인 루틴이다. 하지만 모든 고객이 입을 열지는 않는다.

피드백은 때로는 말로 주어지지만, 대개의 경우 침묵으로 남는다. 연락이 뜸해진다든지, 반응이 짧아진다든지, 재구매량이 줄어든다든지. 이런 신호야말로 바로 '말 없는 피드백'이다.

영업사원은 여기서 좌절하면 안 된다. "왜 말을 안 해주는 거지?"가 아니라, "무언의 반응 속에 어떤 메시지가 숨어 있는가?"를 읽어내야 한다. 그게 진짜 고수의 움직임이다.

피드백이 없다는 건, 관심이 없다는 게 아니다. 어쩌면 말하지 않아도 다 보고 있고, 판단하고 있을지 모른다. 그렇기에 무응답도 분석 대상이며, 반응 없는 고객도 계속 대화의 대상이어야 한다.

'피드백'이라는 단어의 진짜 의미를 다시 생각해 보라. 말로 주어진 피드백뿐 아니라, 말하지 않는 침묵까지도 전략적으로 마주하는 것이 진짜 실전 영업에서 피드백을 다루는 방법이다.

"침묵은 무관심이 아니다. 그것은 때로 가장 깊은 기대다."

14.
사소한 불만까지 체크하라

모든 큰 일은 사소한 불만과 희망적인 의지에서 시작된다. 영업 프로젝트는 대부분 큰 틀에서 정리가 되면, "이제 끝났다."고 착각하기 쉽다. 하지만 영업사원이 반드시 기억해야 하는 것은, 마무리 직전이 가장 무너지기 쉬운 순간이고, 포기 직전이 기회가 열리는 시점이라는 것이다.

실제로 실무 현장에서는 두 가지 케이스가 반복된다.

첫째, 거의 완료된 프로젝트인데 고객이 마지막에 내놓은 아주 사소한 불만 때문에 전부 무너지는 경우다. 계약 조건에 대한 언급, 문구 하나, 사소한 기능 누락, 배송 타이밍 등. 그 작은 찜찜함을 그냥 넘기면, 고객은 마지막 순간에 돌아선다. 다 왔는데 왜 그걸 체크하지 못했을까 하는 후회가 남지만 이미 늦었다.

둘째, 모두가 포기했던 프로젝트인데 고객의 작은 니즈 하나가 결정적인 불씨가 되는 경우다. 예를 들어, 본 프로젝트와 직접 관련은 없지만 고객이 "사내 보고용 표지만 예쁘게 바꿔주실 수 있나요?"라고 부탁했는데, 영업사원이 진심으로 해결해 줬더니 고객이 감동하고 전혀 다른 신규 프로젝트를 다시 열어준 경우도 있다. 그때 고객이 한 말은 이렇다. "사실 저는 이번 건은 이미 접었는데요, 그래도 끝까지 챙기시길래 제가 마음을 다시 열었습니다."

이 두 가지 사례는 영업사원이 피드백에 어떻게 대응하느냐에 따라 프로젝트가 끝나기도 하고, 다시 시작되기도 한다는 걸 보여준다. 그래서 영업사원은 항상 두 질문을 스스로에게 던져야 한다.

"다들 프로젝트가 끝났다고 하는 지금, 혹시 놓친 작은 불만은 없는가?"

"모두가 포기했지만, 지금이라도 다시 시작할 수 있는 작은 요청은 없는가?"

사소한 피드백이 때로는 폭탄이 되기도 하고, 또 다른 시작점이 되기도 한다. 그걸 어떻게 다루느냐가 진짜 실력이다.

실제로 있었던 일이다. 한 글로벌 의료기기 회사가 유럽의 바이어와 6개월 동안 치열하게 협의한 끝에 거의 계약 직전까지 갔다. 가격, 납기, 품질, 기술, 모든 조건이 만족된 상태였다. 그런데 계약서 초안에 적힌 문장 하나.

"본 계약은 당사자 간 우호적 합의가 지속되는 한 유지된다."

이 문장을 본 바이어가 마지막 회의 자리에서 이렇게 말했다.

"이 표현은 우리가 신뢰를 잃을 수도 있다는 뉘앙스를 주는 것 같아요. 공급 안정성이 중요하니 문장 자체를 없애주시겠어요?"

당시 현장에 있던 한국 측 영업 담당자는 난색을 표했다.

"그 문장 자체는 표준이라 바꾸기 어렵습니다."

바이어는 얼굴색을 바꾸더니 미팅 후 자리에서 일어나 이렇게 말하며 돌아섰다.

"그럼 다시 검토해 보죠. 필요하면 연락드릴게요."

결국 프로젝트는 6개월 협의 끝에 무산됐다. 계약서 문장 하나. 그 단 하나의 사소한 표현때문이었다.

반대로, 같은 영업 담당자가 다음 해 다른 바이어를 상대하던 중, 상관없이 보일 수 있는 요청을 하나 받았다.

"혹시 이 기술자료 표지를 우리 회사 로고 스타일에 맞춰 수정해주실 수 있나요?"

내용과는 무관했고 계약에도 영향을 주지 않는 단순한 포맷 요청이었다. 그는 바로 디자인 팀과 협업해 다음 날 새로 만든 자료를 고객에게 전달했고, 고객은 그 자리에서 이렇게 말했다. "아무도 이런 사소한 것에 신경 써준 적 없었어요. 그래서 이번 프로젝트는 귀사하고 진행하겠습니다."

결국 프로젝트를 성사시키는 것은 논리보다 감각이고, 계약을 유지시키는 것은 기술보다는 예민한 공감력이다.

"신뢰는 커다란 약속이 아니라,
사소한 감정 하나를 놓치지 않는 데서 자란다."

15.
고객에게 기억되는 메일 작성하기

우리는 너무 조급하다. 빨리 소개하고, 빨리 설득하고, 빨리 계약서를 쓰고 싶어 한다. 그래서 한 통의 메일에 모든 것을 담으려 한다. 회사 소개, 제품 스펙, 기술 자료, 인증서, 성공 사례, 동영상 링크까지 가능한 모든 것을 한꺼번에 보낸다. 그리고 희망회로를 돌린다. '이 정도면 고객이 감탄하겠지.' 그러나 현실은 다르다. 고객은 감탄하기는커녕 그 메일조차 열어 보지 않는다.

생각해 보자. 우리는 메일을 보내지만, 고객은 메일을 '기다린 적'이 없다. 메일은 그들의 삶에 '예고 없이' 도착한다. 바쁜 일정 속에서 갑자기 도착한 긴 메일, 그 안에 압축된 수많은 정보는 오히려 피로감을 주고 부담을 느끼게 만든다. 그래서 대부분 동일한 결론을 내린다. "나중에 읽어야지." 그러나 그 '나중'은 오지 않는다. 우리는 그렇게 기회를 스스로 날려버린다.

그래서 메일을 보낼 때 지켜야 할 중요한 원칙 하나가 있다. 바로 고객의 '시간'을 고려해야 한다는 것이다. 그들에게는 당신의 메일을 읽을 '여유'가 없다. 실제로 대부분의 고객이 메일을 확인하는 데 걸리는 시간은 12분이 아니라 12초. 그리고 12초 동안 그들이 보는 건, 오직 한 화면. 스크롤

없이 눈에 들어오는 첫 문장이 전부다. 그 첫 문장에서 메시지를 전달하지 못하면, 나머지는 아무 의미가 없다.

그렇다면 어떻게 해야 할까? 답은 단순하다. '쪼개서 보내라.' 고객이 한 번에 받아들일 수 있는 정보의 양은 매우 작다. 그렇다면 우리는 그 작음을 기준으로 정보를 나누어야 한다. 고객이 하루에 1~2분 투자해서 가볍게 읽을 수 있도록, 마치 뉴스레터처럼, 혹은 짧은 매거진처럼 나누어 전달해야 한다. 우리 시간에 맞추지 말고, 고객의 '틈'에 들어가야 한다.

그렇게 일주일에 한 번, 혹은 보름에 한 번. 고객의 리듬 안으로 들어가 정보를 쌓아간다면, 고객은 그 이미지를 하나씩 조각처럼 이어서 기억하게 될 것이다.

"이 회사, 기술이 있네."

"이 사람, 꼼꼼하게 챙기는 사람이야."

"이 제품, 우리한테 어울릴지도 몰라."

그리고 시간이 흐른 뒤, 고객이 진짜 필요를 느낄 때, 가장 먼저 떠올리는 존재가 바로 당신이 된다.

메일은 전투가 아니다. 방송이다. 한 번에 설득하려 하지 마라. 시간 위에 메시지를 쌓아라. 강요하지 말고, 저장되게끔 하라. 그렇게 관계가 쌓이고 축적되면 어느 날 조용히 문을 열고 들어온다. 그때 고객은 반응하기 시작한다.

"빠른 응답을 원하지 마라. 오랫동안 기억되는 사람이 되라."

16.
고객 자신도 알지 못한 갈증을 읽어라

상품 진열은 보기 좋게 놓는 게 능사가 아니다. 고객의 눈에 띄는 자리에, 고객의 손에 닿는 높이에, 고객의 동선에 맞춰 구성해야 한다. 아이가 주로 찾는 음료는 아이의 눈높이에 있어야 하고, 병원 앞 편의점이라면 한 손으로 들기 쉬운 가벼운 상품들이 환자의 동선을 따라 배치돼야 한다. 이것은 기본 중의 기본이다. 그러나 영업은 거기서 멈추면 안 된다.

진짜 영업은 고객이 "뭘 원한다."고 말한 그 순간부터 시작된다. 고객이 "콜라 주세요."라고 말했을 때, 대개 그곳에서 멈춰버린다. 콜라가 있다면 콜라를 주고, 없으면 "죄송합니다. 재고가 떨어졌어요." 하고 돌아서게 만든다. 그런데 고객이 정말 '콜라'만을 원했던 걸까?

고객은 땀을 흘리고 있었다. 이마엔 습기 어린 땀이 맺혀 있었고, 바깥 기온은 34도를 넘고 있었다. 그가 원한 건 시원함이다. 갈증의 해소다. 콜라는 단지 그 표현의 한 방식일 뿐이다. 그러니 상품이 없다고 해서 기회를 놓쳐서는 안 된다. 그가 진짜로 원하는 것이 무엇인지를 한 발 더 들어가 읽을 수 있어야 한다.

"콜라는 없지만 사이다라도 한 병 드릴까요?"

"이온 음료도 좋습니다. 운동 후에 마시면 훨씬 개운해요."

이 한마디가 고객의 불편을 이해하고 있다는 증거가 된다. 고객이 원하는 그 상품은 없었지만, 당신의 태도와 제안이 고객의 '욕구'를 채웠기 때문에 고객은 만족하고 돌아선다. 그리고 다시 돌아온다. 그 기억이 관계를 만들고, 관계가 다시 매출이 된다.

일반적인 설명과 표면적 대응은 고객의 니즈만 채워줄 뿐이다. 하지만 고객에게 내재된 욕구를 읽고 움직일 줄 아는 태도는 감동을 주고 고객을 설득시킨다. 그러니 진열은 고객의 눈높이에서 시작하되 판매는 고객 자신도 알지 못한 갈증에서 출발해야 한다.

고객의 말은 표지판에 불과하다. 진짜 목적지는 그 안쪽에 있다. "콜라 주세요!"라는 말 속에 담긴 것은 더위, 갈증, 피로 그리고 잠시 쉬고 싶은 마음이다. 우리는 그 감정을 읽고, 그 마음을 어루만져야 한다. 그렇게 할 수 있을 때, 진열은 비로소 매출로 이어진다.

"상품이 아니라 욕구를 읽는 것, 그것이 진짜 영업이다."

17.
문화의 다름을 인정하는 일

글로벌 영업에서 가장 혼란스러운 순간은 '다름'과 마주쳤을 때다. 말투, 옷차림, 식사, 시간 개념, 회의 방식까지. 우리는 우리에게 익숙한 기준을 중심으로 세상을 이해하고 말하지만, 그 기준이 통하지 않는 세계가 분명히 존재한다.

중동, 특히 무슬림 문화권은 그 대표적인 예다. '할랄'이라는 음식 문화, 하루 다섯 번의 기도 시간, 비즈니스에서의 신뢰 중심 방식, 그리고 무엇보다 종교가 삶의 중심에 있다는 점. 이 모든 것이 한국적 사고로는 쉽게 다가가기 어렵고, 처음에는 문화적 충격을 받을 수도 있다.

하지만 그들과 진짜로 관계를 맺고 싶다면, 가장 먼저 바뀌어야 하는 건 우리의 영업 전략이 아니라 태도다. 다른 문화는 고쳐야 할 대상이 아니라, 이해해야 할 배경이고, 존중해야 할 방식이다. 중동의 파트너와 가까워지고 싶다면, 제품 설명서보다 먼저 그 사람을 이해할 시간이 필요하다. SNS에 올라온 가족 사진, 글, 종교 행사, 방문했던 장소들을 통해 그 사람이 중요하게 여기는 가치를 읽어야 한다. 그 배경을 모른 채 제품만을 설명하면, 그 말은 광고 카피에 그치고 만다.

예를 들어 누군가가 책의 추천사를 부탁해왔을 때, 목차만 대충 훑고 써 내려가는 추천사는 대충 쓴 것이 금세 드러난다. 하지만 그 사람의 인생, 글을 쓰게 된 배경, 평소 말투와 태도까지 파악하고 쓴 글은 단 한 문장만 읽어도 '진심'이 느껴진다.

중동 국가들과의 비즈니스도 마찬가지다. 한 무슬림 파트너가 한국을 방문했을 때, 대부분은 롯데타워, 남산타워 같은 관광지를 소개하려 한다. 하지만 그 파트너에게 정말 의미 있는 장소는 관광지가 아니라 모스크다. 종교는 그들의 일상이자 삶의 중심이고, 신을 위한 시간이 가장 존중받아야 할 순간이다. 서울 이태원에 있는 한국 이슬람 사원을 함께 방문해 배려의 시간을 만드는 것, 그것이 문화적 다름을 무너뜨리는 첫 걸음이다.

우리는 종종 '우리가 옳다.'는 전제 위에서 상대를 설득하려 든다. 하지만 해외 시장, 특히 중동처럼 문화적 기반이 전혀 다른 파트너를 만날 때는 "당신을 변화시키려는 것이 아니다. 당신에 대해 알고 싶을 뿐이다."라는 태도가 우선되어야 한다.

그 태도는 설명하지 않아도 전해진다. 말하지 않아도 기억한다. 그리고 언젠가는 "그 사람은 우리를 진심으로 존중했다."는 인식이 만들어지고, 그 인식은 영업보다 더 강력한 관계를 만든다.

"다른 문화 속에서 살아남는 힘은 제품이 아니라,
사람을 알아가는 끈기와 존중의 방식이다."

Chapter 4
지속가능한 영업을 위하여

끝까지 가는 자만이 불가능을 넘는다.

"끈기는 천재를 이긴다. 교육도, 재능도, 운도 이길 수 있다. 마지막에 남아 있는 자가 결국 모든 것을 얻는다."

- 캘빈 쿨리지(Calvin Coolidge), 미국 제30대 대통령

영업은 결국, 버티는 자가 이기는 게임이다. 제품이 좋고, 시장이 커도, 고객이 문을 열지 않으면 아무 일도 일어나지 않는다. 그 문을 두드리는 손길이 매일 다르고, 어느 날은 강하고 어느 날은 약하다면, 고객은 절대 마음을 열지 않는다. 고객의 마음을 여는 열쇠는 '지속'이고, 그 지속의 기술은 바로 '능구(能久)스러움'에 있다.

이 능구스러움은 끈적하게 들러붙는 영업의 기술이 아니다. 오히려 철학처럼 단단하게, 행동처럼 자연스럽게, 그리고 물처럼 유연하게 흐르며 기회를 기다리는 자세다. 불가능해 보이는 프로젝트도, 모두가 손을 뗀 기획도,

이 지속의 힘을 가진 사람 앞에서는 다시 열릴 수 있다.

    진짜 영업사원은 낙관주의자도 아니고, 단순한 근성가도 아니다. 그는 매번 부딪히면서도 포기하지 않고, 매번 밀려나면서도 한 걸음 다시 나아가는 사람이다.

    이 장에서는 그런 사람만이 가질 수 있는 근본적 지속력의 철학과 태도, 그리고 그 태도가 어떻게 현실에서 불가능을 '수주'로 바꾸는지 이야기해 보려 한다.

"진짜 지속력은 '할 수 있다'는 희망이 아니라,

'그래도 간다'는 태도에서 만들어진다."

01.
판매 예측

판매 예측은 수치의 계산이 아니라 약속의 이행에서 시작된다. 시스템이 아니라 사람과의 관계에서 출발한다. 우리는 종종 예측을 ERP 화면 위의 수치로만 인식하지만, 진짜 예측은 사람 사이의 신뢰와 타이밍, 합의에서 시작된다. 오더는 그 결과일 뿐이다. 영업사원과 바이어 사이에 맺어진 말 없는 약속이 먼저다.

영업 현장에서 자주 보게 되는 장면이 있다. 바이어에게 예측 수량을 요청했지만 피드백이 없다. 한 번, 두 번, 세 번. 결국 영업사원은 이렇게 말하게 된다. "대답을 안 줘서 어쩔 수 없었습니다." 하지만 현장에선 그 말이 변명이 되지 못한다. 원자재 구매는 꼬이고, 생산은 시작도 못했고, 납기는 밀리고, 기회는 사라진다.

그렇기에 아쉬운 쪽에서 먼저 움직여야 한다. 중요한 건 '타이밍'이다. 바이어가 우리를 필요로 하는 시점, 긴급한 주문이 생기거나 이슈가 발생한 바로 그 순간, 관계의 물꼬를 터야 한다.

"이번에는 어쩔 수 없으니 제가 빠르게 도와드릴게요. 대신 다음부터는

15일, 30일에 판매 예측 공유 일정만 지켜주시면 좋겠습니다."

그 한마디가 곧 약속이 된다. 도움을 받으면 사람은 약속을 지키려 한다. 이처럼 예측의 시스템은 관계로부터 만들어진다.

이제 영업사원은 예측을 '요청하는 사람'이 아니라, '설계하는 사람'이 되어야 한다. 기준일을 정하고, 보고 포맷을 간결하게 만들고, 주기적인 리듬을 세팅해야 한다. 그렇게 하면 바이어 수가 늘어나도 유연하게 대응할 수 있고, 자재 구매는 선제적으로 이루어지고, 제조는 계획대로 차질없이 진행된다. SCM*(Supply Chain Management, 공급망 관리)*은 이제 예측이라는 축을 중심으로 안정된 원을 그리기 시작한다.

이와 같이 판매 예측은 결국 숫자가 아니라 사람이다. 타이밍을 읽고, 관계를 엮고, 신뢰를 기반으로 반복되는 예측의 리듬을 만들어내는 것. 이것이 진짜 영업의 실력이다. 오더에는 운이 작용할 수 있지만, 예측은 관계에서만 만들어진다.

"예측은 정확히 말해 수치가 아니다. 신뢰라는 이름의 시간표다."

02.
영업사원은 수치로 말한다

숫자를 암기하라, 그것이 사람을 살린다.
모든 꿈은 결국 영업사원의 주머니 속 숫자에서 시작된다.

영업사원에게 가장 중요한 게 무엇이냐는 질문에 대답은 아주 단순하다. 숫자다. 그리고 그 숫자는 다름 아닌 매출이다. 연간 사업계획, 반기 목표, 분기 전략, 월별 마감, 주간 수금 리스트. 이건 단순한 수치가 아니라, 조직 전체의 생존을 지탱하는 심장이다. 이 숫자가 설계되지 않으면 그 순간부터 영업은 방향성을 잃게 된다.

숫자는 항상 기억해야 한다. 아니 주머니에 접어 넣고 다니며 수시로 꺼내 봐야 한다. 수첩에, 셔츠 안주머니에, 재킷 속에, 지갑 속에 반으로 접은 한 장의 메모. 거기에 들어 있는 숫자가 그 사람의 오늘을 움직이고, 그 조직의 내일을 지탱한다.

왜 그래야 하냐고?
매출이 만들어져야 이익이 생기고, 이익이 있어야 기술에 투자할 수 있다. 기술에 투자해야 경쟁력이 생기고, 경쟁력이 생겨야 조직은 성장한다. 조직이 성장해야 거기에 연결된 수많은 가족이 삶을 이어가고, 교육을 받고, 꿈을 꿀 수 있다. 결국 영업사원의 수치 감각이 한 가족의 삶을 바꾸고, 한 조직의 미래를 열고, 한 세대의 가능성을 만들어 낸다.

그렇기에 숫자는 메모처럼 흘려 써놓는 것이 아니라, 매일 눈에 담고, 입으로 중얼거리고, 머리에 새겨야 할 생존의 언어다.

주머니에 들어 있는 메모 한 장. 그 위의 숫자들이 흐릿해졌다면, 당신의 감각도 흐려지고 있다는 뜻이다. 그 숫자를 꺼내 다시 펴고, 하나하나 입에 올리고, 곱씹고 암기하고 고민해야 한다. 그럴 때 전략이 생기고, 설득이 가능해지고, 드디어 고객이 문을 연다.

모든 위대한 성과는 숫자를 품은 자의 숙제에서 시작된다. 매출은 보고서에만 존재하는 게 아니다. 그건 당신의 손바닥 안에, 주머니 속에, 심장 옆에 있어야 한다.

"숫자를 기억하는 사람만이, 사람의 삶을 기억해낼 수 있다."

03.
경쟁사를 존중한다

경쟁사에 대응하는 방식은 단순히 상대를 이기기 위한 전술이 아니라, 우리 스스로의 존재를 더욱 분명하게 드러내는 전략이 되어야 한다. 영업 현장에서는 종종 경쟁사의 제품과 우리 제품을 직접적으로 비교하는 장면이 펼쳐진다. 예컨대 "경쟁사 제품은 15초, 우리 제품은 10초."라고 말하면서 경쟁사를 깎아내리는 경우다. 이 말은 기술적으로는 사실일 수 있지만, 고객의 마음속에는 오히려 불편함을 남길 수 있다. 왜냐하면 그 고객이 이미 경쟁사의 제품을 사용 중이거나, 어느 정도 호감을 품고 있을 가능성이 높기 때문이다. 그런 상황에서 경쟁사의 단점을 직접 지적하면, 고객은 마치 자신의 선택을 부정당한 듯한 감정을 느끼게 되고, 이는 설득은커녕 반감을

자아내게 된다.

　진짜 설득은 비교가 아닌 공감에서 시작되어야 한다. 우리 제품이 기존 제품보다 얼마나 더 빠르고 편리한지를 강조하되, 상대를 깎아내리기보다는 우리를 더욱 선명하게 드러내야 한다. "우리 제품은 기존보다 5초 빠릅니다."라고 말하는 것이 "경쟁사보다 5초 빠릅니다."라는 말보다 훨씬 더 세련되고, 고객의 자존심을 존중하는 방식이다.

　고객은 논리적 설명보다 배려 있는 태도에 더 크게 반응하며, 단점보다는 장점에 더 쉽게 마음을 연다. 그렇기에 우리는 언제나 '고객의 선택을 돕는 사람'이라는 정체성을 잊지 말아야 하며, 제품을 밀어붙이는 세일즈맨이 아니라, 고객과 나란히 앉아 문제를 함께 해결하는 동반자의 위치에 자리매김해야 한다.

　특히 조심해야 할 것은 고객이 이미 사용하고 있는 제품을 무심코 비판하는 태도다. 제품에 대한 정보는 단순한 사양과 성능만이 아니라, 그동안의 경험과 감정이 복합적으로 얽혀 있는 고객의 체험 그 자체이기 때문이다. 그 감정의 결을 건드리게 되면 아무리 논리적으로 설명해도 관계의 틈은 메워지지 않는다. 그래서 우리는 먼저 질문해야 한다.

　"기존 제품을 쓰시면서 어떤 점이 편하셨나요?"

　"혹시 사용 중에 아쉬웠던 점은 없으셨나요?"

　고객이 직접 개선점을 말하면, 우리는 그 말 위에 우리 제품의 장점을 자연스럽게 얹을 수 있다. 그때 설득은 강요가 아닌 공감의 결과로 완성된다.

　경쟁사보다 내가 낫다는 말은 입으로 하지 않아도 된다. 우리의 장점이 선명하게 인식된다면, 고객은 스스로 비교하고 판단하며 선택하게 된다. 결국 진짜 경쟁은 말을 던지는 기술이 아니라, 마음에 닿는 태도에 달려 있다. 전략은 숫자에서 끝나지 않고, 관계 속에서 완성되며, 고객은 결국 가장 신뢰할 수 있는 사람을 선택하게 되어 있다. 영업사원은 누군가를 이기는 사람이 아니라, 누군가의 신뢰를 얻는 사람이다. 바로 그때, 우리는 진짜 경쟁에서 이기는 법을 깨닫게 된다.

"진짜 경쟁은 상대를 넘는 것이 아니라,
고객의 마음에 나를 또렷하게 새기는 일이다."

04.
정부 입찰에서 주목할 부분

정부 입찰은 단순히 계약 하나를 따내는 일에 그치지 않는다. 그것은 산업과 기술의 흐름을 예측하고 선점하는 일이며, 나아가 우리 기업이 미래를 향해 어떤 방향으로 가야 하는지를 점검하는 전략적 기회이기도 하다. 민간 대상의 영업이 현장의 감각과 즉시성을 필요로 한다면, 정부 입찰은 안목과 예측, 그리고 철저한 준비를 요구한다. 왜냐하면 정부가 제시하는 스펙은 대부분 현재 시장에서 통용되는 수준을 넘어서 있기 때문이다. 지금 기술을 잘 구현하는 것이 아니라, 내일의 기술을 얼마만큼 준비하고 있느냐가 평가의 기준이 된다.

그렇기 때문에 정부 입찰에 참여하고자 하는 영업사원은 정보를 수집하는 데서 멈추는 것이 아니라, 정보를 통해 방향을 읽어내는 능력을 길러야 한다. 가장 가까운 방법은 고객에게 직접 묻는 것이다. 입찰 초안이 준비되고 있는 단계에서, 혹은 제안서 구상이 시작되었을 즈음, 기술적 방향성이나 강조하고자 하는 포인트에 대해 정중하게 물어보는 것이다. 그 질문 하나가 단순한 정보 수집을 넘어서, 고객에게 우리 조직이 얼마나 준비되어 있는지를 인식시키는 계기가 된다.

경쟁사의 움직임을 분석하는 것도 중요한 단서가 된다. 특히 기술 개발 발표, 특허 등록, 보도자료, 그리고 산업 전시회에서의 신제품 출시는 곧 정부가 어떤 방향의 기술을 원하는지를 간접적으로 보여준다. 경쟁사는 단순한 상대가 아니라, 시장과 정부 요구를 가장 먼저 감지하고 실행하는 선두주자일 수 있다. 그들의 흔적을 좇는 일은 결국 우리가 시장을 따라잡는 일이 아니라, 예측하고 선도하기 위한 기반이 된다.

또한 과거 입찰의 스펙을 분석하는 작업도 필수적이다. 입찰 공고는 단지 정보가 아니라, 과거 시장의 문제의식이 어떤 방향으로 해결되었는지를 보여주는 기록이다. 반복적으로 등장하는 단어들, 강조되는 조건들, 평가 기준의 변화 등을 면밀히 읽어내면 다음 입찰의 흐름을 예측할 수 있다. 마치 강의 흐름을 읽는 어부처럼 조용히 기다리되, 언제 그물이 물살을 타고 흔들릴지 예감해야 한다.

현장을 보는 것도 빠뜨릴 수 없다. 전시회, 기술 박람회, 세미나 등은 종이로는 느낄 수 없는 산업의 온도를 체험할 수 있는 자리다. 특히 바이어들이 주목하는 제품, 사람들이 몰려 있는 부스, 질문이 많이 오가는 기술 시연은 다음 입찰의 키워드가 될 수 있다. 이 현장의 온도는 어디에도 기록되지 않지만, 그 기류를 읽어낸 사람만이 먼저 준비할 수 있다.

마지막으로 정부 정책과 산업 로드맵, 국가 기술개발 과제들은 입찰의 이면을 비추는 등불과 같다. 정부가 어느 기술에 예산을 배정하고, 어떤 분야를 육성하려 하는지, 어떤 핵심 기술을 다음 단계로 끌어올리고자 하는지를 읽어내면 입찰의 스펙은 어느 정도 예측할 수 있다. 결국 정부 입찰은 준비가 아닌 예측의 게임이다.

입찰 공고가 뜬 순간 움직이면 이미 늦다. 그 이전에 조용하고 치열하게 읽고 준비한 자만 입찰 시장에서 기회를 선점할 수 있다. 미래는 갑자기 오는 것이 아니라 앞서 감지한 자에게만 조용히 손을 내민다.

"입찰은 기다림의 결과가 아니라,
미리 읽고 준비한 자에게 주어지는 응답이다."

05.
마음이 움직일 때, 관계는 시작된다

"영업이란 무엇인가요?" 이 질문을 받을 때마다 필자는 한 문장으로 대답한다. 영업은 상대의 마음에 울림을 만들어 주는 일이다. 영업은 설명이 아니다. 설득도 아니다. 고객의 마음이 '움직여야' 행동이 시작되고, 행동이 시작되어야 비로소 관계가 열린다. 마음이 움직이면 대화가 시작되고, 대화 속에서 이해가 만들어지고, 이해는 공감으로 이어지며, 공감이 쌓이면 신뢰가 된다. 그리고 신뢰는 결국 오더로 돌아온다. 이 모든 시작은 단 하나, 울림에서 출발한다.

이 울림은 소란스럽게 흔드는 것이 아니다. 오히려 조용히, 하지만 깊이 가라앉아 고객의 생각과 감정을 동시에 흔드는 정서적 공진, 즉 '공명'이다. 심리학자 칼 로저스는 이를 이렇게 정의했다. "진정한 공감은 상대의 내면을 있는 그대로 느끼려는 태도다. 이 공감이 일어날 때 비로소 변화는 가능해진다." 그는 공감의 조건을 단순한 감정의 동조가 아니라, 상대의 시선으로 세상을 바라보려는 노력이라 보았다. 영업에서 울림을 만들어 낸다는 것은 고객의 말을 듣는 것을 넘어, 그들이 말하지 않은 감정과 사연까지 함께 듣는 자세다.

　어느 한 중견 제조업체 구매 부장의 사례를 들어보자. 영업사원이 몇 달째 그를 만나고 있었는데, 기술도 조건도 나쁘지 않았지만 계약은 계속 미뤄졌다. 여러 번 제안서를 제출하고, 비교표를 만들어 설명도 했지만 확답은 없었다. 그러던 어느 날, 별 기대 없이 방문한 사무실에서 부장의 책상 위 사진 한 장이 눈에 들어왔다. 유니폼을 입고 야구 글러브를 낀 아이의 모습이었다. "아드님이세요?" 하고 영업사원이 물었더니, 구매 부장의 눈빛이 바뀌었다.

　"네, 중학교 야구부입니다. 이번에 전국 대회 첫 출전이에요."

　그 뒤로 15분 이상 두 사람은 아이와 야구 이야기를 나눴다. 경기 일정, 야구부 감독님 이야기, 부모로서의 자랑스러움. 그 대화를 마무리하며 영업사원이 조심스럽게 말했다.

　"대회 일정표 가지고 계시면 주세요. 저희 팀에서 응원 플래카드라도 만들어 드리겠습니다."

　그날 영업사원은 어떤 제안서도 꺼내지 않았다. 기술 자료는 가방 속에 그대로 있었다. 커피 한 잔과 아이와 야구에 대해 이야기한 것이 그 날 일의 전부였다. 그런데 일주일 뒤 전화가 왔다.

　"우리 애 얘기 들어준 영업사원은 처음이에요. 이번 건은 귀사랑 진행하기로 했습니다."

　영업사원은 그 프로젝트가 기술 때문이 아니라, 울림 때문에 성사된 것이라고 믿는다. 그것은 한 아버지의 마음에 닿았고, 그 진심이 계약보다 먼저 도착한 것이다.

영업은 결국 사람의 마음에 들어가는 일이다. 그리고 사람의 마음은 논리보다 울림에 반응한다. 목소리가 아니라 감정, 설명이 아니라 공감, 기능이 아니라 관심이 닿을 때 비로소 고객은 움직인다. 영업은 제품의 승부가 아니라 울림의 설계다. 그 울림을 만들어낼 줄 아는 사람만이 관계를 얻고, 신뢰를 얻고, 결과를 얻는다. 그리고 그 울림은 단지 말만으로는 만들어지지 않는다. 눈빛과 목소리와 타이밍 속에, 무엇보다 진심의 밀도 속에 담겨 있다.

06.
농부의 마음으로 씨를 뿌려라

영업을 오래 하다 보면, 비로소 알게 되는 사실이 있다. 단기 성과에만 몰두할 때는 보이지 않던 흐름, 단번에 고객을 움직이려 할 때는 들리지 않던 감각. 그 모든 것은 시간이 흐른 뒤에야 천천히 그 모습을 드러낸다. 그리고 그때 우리는 깨닫는다.

영업은 결국 농사와 닮아 있다. 농부는 봄에 씨를 뿌리고, 여름에는 땀 흘려 잡초를 뽑고, 비가 오지 않는 날이면 물을 주고, 벌레가 끼면 약을 친다. 그렇게 몇 달을 돌보고 나서야 비로소 가을이 되어 수확을 한다. 그런데 영업에서는 너무 많은 이들이 오늘 씨를 뿌리고 내일 수확하기를 바란다. 이것은 말이 되지 않는다. 고객과의 관계도, 브랜드에 대한 신뢰도, 제품에 대한 기억도 제안서 한 장이나 설명 한 번으로 뿌리내릴 수 있는 것이 아니다.

실제로 시장에 오래 자리 잡은 브랜드일수록, 그 뒤에는 오랜 시간 축적된 경험이 있다. 예를 들어, 한 의사가 GE의 의료 장비를 계속 써왔고, 실습과 교육까지 GE 장비로 받았다면, 그는 병원을 개업할 때 다른 브랜드는 고려조차 하지 않을 것이다. 그것은 기술의 차이 때문이 아니라, 기억의 차이

때문이다. 익숙함은 신뢰가 되고, 신뢰는 결정의 근거가 된다.

우리는 자주 이 점을 간과한다. 매출을 당장 만들기 위해 매일 고객을 만나고, 샘플을 보내고, 피드백을 요구하지만 정작 우리가 시장이라는 밭에 어떤 씨앗을 뿌려왔는지 돌아보지 않는다. 장기적인 안목 없이 오늘 하루에만 집중하는 영업은 결국 계절이 바뀔 때 준비되지 않은 채로 수확의 기회를 놓치게 된다.

브랜드라는 씨앗은 아무 데나 뿌려지는 것이 아니다. 의도와 전략을 가지고, 때로는 학회를 공략하고, 때로는 KOL(Key Opinion Leader)을 집중적으로 설득하며, 때로는 고객의 후배와 제자들까지 염두에 두고 메시지를 퍼뜨려야 한다. 그리고 이 과정은 단일한 영업사원이나 팀장의 의지로는 이끌 수 없다. 이런 장기 프로젝트는 결국 오너의 철학이 기반이 되어야 한다.

즉, **"지금 수확이 없더라도 씨앗은 뿌려야 한다."** 는 철학, "성과보다 준비가 우선이다." 라는 마인드가 없으면 영업조직은 단기성과의 덫에 갇혀 끝없이 같은 고객만 맴돌게 된다.

실제로 내가 경험한 어떤 프로젝트는, 무려 5년 전의 한 작은 세미나에서 시작됐다. 그날 우리 브랜드로 진행한 교육이 끝난 뒤, 참석자 한 명이 조용히 내게 말했다.

"이 장비 참 잘 만들었네요. 언젠가 병원 개업하면 꼭 써보고 싶어요."

그는 몇 해 뒤 독립해 개원했고, 우리 장비를 선택했다. 그때 그가 말한 첫마디는 이랬다.

"그날 교육 때 받았던 인상이 잊히질 않았어요. 지금도 그 느낌이 남아 있더라고요."

이것이 바로 농사처럼 하는 영업의 힘이다. 오늘 우리가 뿌린 말과 태도, 제안과 만남은 지금은 조용하지만, 반드시 언젠가 열매가 되어 돌아온다. 영업은 빨리 가는 사람이 이기는 것이 아니라, 끝까지 가는 사람이 이긴다.

07.
지속성의 생명은 멘탈 관리

관계는 사람을 흔들고, 중심은 멘탈이 지켜낸다. 영업은 본질적으로 사람을 상대하는 일이다. 말투 하나, 표정 하나, 때로는 아무 말 없이 흘러가는 공기까지도 모두 관계에 영향을 미친다. 그만큼 영업사원의 감정은 자주 흔들리고, 그 감정은 성과에 그대로 투영된다.

고객이 내 말을 무시할 때, 연락을 씹을 때, 또는 약속을 지키지 않을 때 우리는 본능적으로 감정이 상한다. 그런데 그 감정을 고지곧대로 드러낼 수 없다. 직접적으로 항의하지도 못하고, 또 완전히 무시할 수도 없다. 그 가운데에서 균형을 잡는 것, 이게 바로 영업사원이 갖춰야 할 정신적 기술이고, 멘탈의 핵심이다.

사람과 사람 사이에서 '감정을 다루는 기술'은 세 가지로 정리될 수 있다.

첫째, **'개인적인 거절'로 받아들이지 않는 훈련**이다. 고객의 무관심, 무응답, 거절은 당신을 향한 것이 아니라, 그 사람의 상황, 우선순위, 심리적 여유의 반영일 뿐이다. 고객의 반응에 감정을 얹는 순간, 우리는 괜히 상처받고, 필요 없는 해석에 휘둘린다. "그는 지금 바쁜 거야", "지금은 타이밍이 아닌 거야." 이렇게 말로 정리하고 스스로를 붙들 수 있어야 한다.

둘째, **'나를 객관화하는 시선'을 유지**하는 것이다. 영업을 하다 보면 나 자신이 평가받는 느낌이 들 수 있다. 하지만 고객은 나를 평가하는 게 아니라, 내가 전하는 정보와 솔루션, 브랜드의 무게를 저울질하고 있을 뿐이다. 그런데 우리는 그것을 곧바로 자존감의 영역으로 가져와 흔들린다. 감정은 느껴도 되지만, 거기서 끝나야 한다. 객관적인 시선을 유지하지 않으면, 관계에서 중심을 잃게 된다.

셋째, **'감정의 저장소'를 미리 마련**해 두는 일이다. 스트레스를 혼자 감당하지 말고, 가볍게 털어낼 수 있는 동료, 메모장, 산책, 습관적인 루틴을 만들어야 한다. 매일 고객 앞에서 웃는 사람은, 어딘가에서는 반드시 울 수 있는 시간과 공간이 필요하다. 내 감정의 무게를 다른 곳에 분산시킬 수 있어야 고객과의 관계에서 무너지지 않고 설 수 있다.

이 모든 것은 결국 영업사원이 사람으로서 살아남기 위한 기술이다. 우리는 고객을 이해해야 하고, 고객을 존중해야 하고, 고객의 상황을 감싸야 한다. 그러나 동시에, **스스로를 보호하고 지킬 수 있어야만 진짜 관계가 지속된다**. 멘탈은 단단한 것이 아니라 유연하면서도 무너지지 않는 마음의 구조다. 그 중심을 지키는 자만이 사람의 마음을 오래 지켜낼 수 있고, 관계를 이끌고, 결국 오더를 받아낼 수 있다.

08.
지속가능한 성장을 위한 네 가지 리듬

영업사원은 고객 앞에 늘 미소를 띠고 서 있어야 하는 사람이다. 그러나 그 미소가 매일 진심일 수는 없다. 거절과 무관심, 침묵과 오해 속에서 감정을 지키고, 동기와 집중력을 잃지 않으려면 멘탈은 단단해야 한다. 하지만 **멘탈은 타고나는 성향이 아니라, 매일 쌓아가는 습관의 총합이다.**

그 습관에는 네 가지 리듬이 필요하다. 이 네 가지는 영업사원이 스스로를 지키기 위해 만들어야 할 내면의 기반이자, 지속가능한 성장을 위한 마음의 방어막이다.

첫째는 **자존감을 위한 독서**다. 영업은 때때로 평가받는 직업이다. 거절을 반복해서 경험하다 보면, 자신에 대한 의심이 쌓인다. 이때 중요한 것은 지식으로 나를 격려하는 일이다. 좋은 책, 좋은 문장, 나를 다시 일으켜 세워줄 언어를 매일 접하는 것. 그건 내 안의 기준을 다시 바로잡는 일이다. 자존감은 남이 세워주는 게 아니라, 내가 매일 읽는 문장 안에서 다시 만들어진다.

둘째는 **정서적 안정을 위한 예술과의 교감**이다. 음악을 듣고, 시를 읽고, 한 장의 사진 앞에 멈춰 서는 시간은 고객 앞에서 늘 표현해야만 하는 감정에서 잠시 나를 분리시킨다. 이런 예술적인 숨구멍은 무너짐이 아닌 회복의 공간이 된다. 감정이 말라버리지 않도록 매일 조금씩 감성의 물을 채워넣어야 한다.

셋째는 **육체적인 루틴**이다. 몸이 무너지면 마음이 무너지는 데는 오래 걸리지 않는다. 규칙적인 운동, 가벼운 스트레칭, 꾸준한 수면과 식사는 생산성과 무관해 보이지만, 결국 그 모든 것을 떠받치는 보이지 않는 기둥이다. 지치지 않고 달릴 수 있으려면, 그만큼 쉬는 방법도 프로페셔널해야 한다.

넷째는 **영적인 회복**이다. 종교적 믿음이 있든 없든, 명상이나 참선처럼 '자신에게로 돌아가는 시간'은 반드시 필요하다. 그건 목표와 실적, 관계와 평가로부터 자신의 정신을 잠시 독립시키는 고요한 안식이다. 혼란한 세상 속에서 나를 잃지 않기 위해선 내면 깊은 곳의 '정적'이 존재해야 한다.

이 네 가지는 영업을 잘하기 위한 조건이 아니다. 영업을 오래 하기 위한 필수 토대다. 감정이 흐트러지고, 관계에 상처받고, 자존감이 무너지는 순간에도 스스로를 다시 일으켜 세울 수 있는 힘. 그건 성격이 아니라, 습관에서 비롯된다. 멘탈은 단단한 성격에서 나오는 게 아니다. 매일 나를 다듬고 돌아보는 사람에게 주어지는 힘이다.

영업은 단기 전투가 아니라, 마음을 움직이기 위한 장기적 여정이다. 씨를 뿌리고 기다리는 농부처럼, 진심을 품고 꾸준히 다가가는 사람이 결국 수확을 얻는다. 그 여정을 끝까지 가게 해주는 힘은 멘탈이 아니라, 멘탈을 지켜내는 습관이다.

09.
지친 영업사원을 위한 거울 위로법

영업사원은 매일 마감 수치의 압박 속에서 움직이며, 팀장의 요구에 따라 끊임없이 데이터를 쥐어짜고, 보고서를 작성하고, 현장의 피드백을 수집한다. 전략적으로 40%의 여유를 준비하고, 20%의 스페어를 챙긴다 해도, 현장 상황은 털리고 또 털리는 구조로 이어진다. 팀장은 "더 이상의 유보분은 없냐?"고 물으며 숨겨둔 게 있다면 지금 꺼내라고 한다. 그런 날들이 반복되면, 아무리 책임감 있고 성실한 영업사원이라도 지치지 않을 수 없다. 그러나 이렇게 타는 속을 겉으로 드러내기란 쉽지 않다. 친구를 만나거나 가족과 시간을 보내며 답답한 마음을 위로받는 게 좋다는 걸 알지만, 현실적으로 그런 시간이 허락되지 않거나 그런 관계조차 느슨해져 있는 경우도 있다. 결국 많은 이들이 혼자 감정을 삼키고, 홀로 회복하려 애쓴다.

이 글에서 전하고 싶은 핵심은 단순하지만 깊은 내용이다. 지쳤을 때 외부의 위로를 기대하기보다 스스로를 다독이는 루틴을 만들어야 한다는 것이다. 출근길 혹은 퇴근길에 잠시 거울 앞에 서서 자신에게 말을 건네보자.

"오늘도 수고했다."

"많이 힘들었지. 그래도 잘 해냈어."

"할 수 있어. 오늘은 잘 풀릴 거야."

이처럼 거울을 통해 시각적으로 자신을 바라보며 스스로에게 말을 걸면, 뇌는 그 말이 타인이 한 것처럼 받아들인다. 이는 단순한 자기암시가 아니라 자연스러운 심리적 반응이다. **내가 먼저 긍정적인 에너지를 보낼 때, 그 에너지는 다시 나에게 돌아와 잔잔한 위로가 된다.** 이는 자기 자신에게 가장 먼저 선한 말을 건네는 사람이 되는 연습이며, 영업의 피로 속에서 무너지지 않는 마음의 기둥을 세우는 일이다.

이 작용과 반작용은 조직 내에서도 그대로 통한다. 누군가에게 먼저 인사하고, 웃으며 말을 건네면, 설령 상대가 피곤하고 예민하더라도 결국은 그 감정이 조금씩 풀어진다. 그 따뜻한 반응이 다시 나에게 돌아오고, 조직 전체의 분위기는 한결 부드러워진다. 그렇기에 오늘 하루가 고되더라도, 거울을 향해 웃으며 스스로에게 고맙다고 말하고 내일의 나에게 힘을 실어주는 이 작은 행동 하나가 진정한 회복의 출발점이 될 수 있다.

10.
감정의 리셋

하루에도 수없이 많은 감정의 소용돌이 속을 헤쳐나가야 하는 영업사원에게 가장 필요한 것은, '정리되지 않은 감정'을 짊어진 채 다음 날을 시작하지 않는 것이다. 거절을 당하고, 응대에 실패하고, 고객의 작은 표정 하나에도 마음이 휘청일 수 있는 이 직무의 본질을 고려할 때, 감정의 정리는 선택이 아니라 필수적인 회복의 기술이다. 그렇기에 하루의 끝 혹은 새로운 하루의 시작에는 감정을 리셋하는 루틴이 반드시 필요하다.

오전 9시부터 오후 6시까지 고객을 상대하며 감정이 소모된 상태라면 누적된 대량의 감정 찌꺼기들을 한 번에 털어내야만 다음 날로 업무와 정서를 이월할 수 있다. 이때 중요한 것은 단지 감정의 찌꺼기를 털어내는 것이 아니라 근거가 되는 기억, 키워드, 공감의 포인트들을 정확히 인식하고 정리하는 것이다. 그래야 감정은 막연한 것이 아니라 정보가 되고, 교훈이 되고, 다음 전략의 단서가 된다.

그 감정을 들고 대화의 창으로 이동한다. 대화를 통해 상황을 공유하고, 누군가의 피드백으로 내 감정에 이름을 붙이는 순간, 감정은 더 이상 나를 삼키지 못한다. 가볍게 걷거나 운동으로 땀을 빼면서 몸에 남은 감정 에너지를 발산하고, 식당이나 집으로 향해 따뜻한 저녁 한 끼를 제대로 먹는 것, 이것이 마음을 다시 말랑하게 만든다.

좋은 음악 한 곡, 짧은 예능 영상 하나로 기분을 전환하고 가볍게 미소지을 수 있다면 그걸로 감정의 전환은 시작된다. 밤이 깊어질수록, 내일 해야 할 일들을 조용히 정리한다. 소란한 음악은 줄이고, 자극적인 말은 피하며, 조용히 '할 일'을 정리하는 이 루틴이 바로 내일의 업무를 예고하는 준비다.

마지막으로, 하루의 감정을 리셋한 후에는 잠시라도 완전한 휴식을 취한다. 업무를 내려놓고, 사고를 멈추고, 나를 회복하는 시간을 확보한다. 다음 날 업무를 준비하며 미팅에 들어가기 전 또다시 하루의 감정을 환기하고, 새로운 하루를 맞이할 준비를 하는 것. 이 감정 리셋의 루틴은 영업사원이 버텨내고, 다시 일어나고, 결국 살아남는 가장 실질적인 생존의 방식이다.

그날 업무에서 쌓인 감정은 퇴근하는 문 앞에서 끊어버리고, 집으로 향하는 시동음과 함께 새로운 삶이 다시 시작된다.

11.
불황기의 마음가짐과 전략

경기가 항상 좋을 수는 없다. 때로는 예상치 못한 침체기가 찾아오고, 시장 전반이 냉랭해지며 고객의 구매력이 극단적으로 떨어지는 시점이 있다. 그런 시기에는 아무리 유능한 영업사원이 성실하게 움직이고, 팀원들이 똘똘 뭉쳐서 전략적으로 대응한다 해도 결과는 기대만큼 따라오지 않는다. 왜냐하면 그것은 개인의 문제가 아니라 전체 시장의 구조가 위축된 상태, 즉 매크로적인 외부 환경의 영향이기 때문이다.

이럴 때 조직과 팀은 반드시 이 사실을 객관적으로 구분하고 인식해야 한다. 성과가 떨어지는 이유가 개인의 태도나 실행력의 부족 때문인지 아니면 외부적인 수요 자체가 사라졌기 때문인지 객관적으로 진단해야 한다. 이 판단이 서야 헛된 자책과 무의미한 압박에서 벗어날 수 있고, 정말 필요한 전략으로 체계를 전환할 수 있다.

그렇다면 이런 상황에서 영업사원은 무엇을 해야 하는가? 바로 버티는 것이다. 단순한 생존이 아니라 기회를 기다리며 준비를 하며 버티는 것. 지금은 실적이 나오지 않더라도, 언젠가는 시장은 반드시 다시 열린다. 그날이

왔을 때, 가장 먼저 반응할 수 있는 사람은 준비된 자뿐이다.

그래서 불황기에 영업사원이 해야 할 일은 기본에 충실하는 것이다. 눈앞의 매출이 없더라도, 잠재 고객 네트워크를 확장하고 고객과의 관계를 꾸준히 정비하며, 경기 회복 이후 빠르게 치고 나갈 수 있는 기반을 조용히 다져야 한다.

불황이란 결국 매출의 침묵기일 뿐이지 성장이 멈추는 것은 아니다. 그리고 바로 이 침묵기야말로 영업사원의 마음가짐이 시험받는 시간이다. 자책하지 말고, 낙심하지 말며, 시장의 온도가 오르기 전까지 나를 갈고 닦는 시간으로 삼는 것. 그게 결국 모든 파도를 뚫고 살아남는 사람들의 방식이다.

12.
끈기가 오더를 만든다

출장은 곧 오더라는 인식이 회사의 문화로 자리잡게 되면, 영업사원들은 사전에 쿠킹된 오더가 없는 해외 출장을 기피하게 된다. '무언가를 이미 만들어 놓은 상태'에서만 움직이겠다는 태도는 언뜻 효율적이고 똑똑해 보일 수 있지만, 사실은 영업의 본질과는 거리가 멀다. 영업은 만들어 가는 일이다. 없는 길을 나서는 것이고, 아직 나오지 않은 오더를 향해 사람을 만나고 가능성을 찾아내는 일이다. 만들어진 것만 쫓는다면, 시장은 결코 우리를 기억하지 않는다.

현장을 방문하고 고객을 직접 찾아가는 일은 생각보다 훨씬 거칠고 고된 일이다. 익숙한 사무실의 내 자리를 벗어나 낯선 환경에서 사람을 만나고, 예측할 수 없는 반응을 감당해야 한다. 특히 해외 출장이라는 무대 위에서는 그 피로감이 두 배가 된다. 언어가 다르고, 문화가 다르고, 시장은 낯설고 예민하다. 그 속에서 영업사원이 의지할 수 있는 단 하나의 내면 자산은 바로 끈기다.

끈기는 단순히 버티는 것이 아니다. 끈기는 가능성이 없는 것처럼 보일 때조차도 그 안에서 단 하나의 실마리를 찾아내려는 태도다. 오늘 계약이 성사되지 않더라도, 내일을 위한 신뢰 한 줄을 남기기 위해 계속해서 움직이는 힘이다. 고객의 애매한 반응, 반복되는 질문, 미지근한 관심에도 꺾이지 않고, 그 속에서 단서를 잡고 가치를 던지며, 끝끝내 관계를 연결해 내는 끈질긴 자세가 결국 영업을 완성시킨다.

그러나 끈기는 체력과 의지만으로는 유지되지 않는다. 스스로를 지탱하는 생활 습관, 정기적인 휴식, 무너진 마음을 다시 붙잡아주는 기분 전환 스킬이 필요하다. 바쁜 일정 속에서도 나를 나로 되돌리는 회복의 시간, 그 스킬이야말로 끈기의 원천이 된다. 그리고 그렇게 다져진 끈기는 고객에게 진심으로 다가갈 수 있는 여백이 된다.

불가능해 보이는 프로젝트를 끝까지 밀어붙이는 사람은 따로 있다. 그런 사람은 미리 계산된 확률보다 그저 그 일을 끝까지 포기하지 않은 끈기를 가지고 있을 뿐이다. 그가 결국 시장을 열고, 브랜드를 기억에 남게 하고, 조직을 다시 살린다. 그가 바로 진짜 영업사원이다.

"끈기는 결과를 기다리는 태도가 아니라, 결과를 만들어 내는 반복 행위다."

13.
매출만큼 수금도 중요하다

　기업의 본질은 이윤을 추구하는 데 있다. 그 이윤은 매출이라는 이름으로 드러나지만, 그 이면에는 철저하게 정리된 수금 구조가 놓여 있어야만 한다. 제품을 팔았다는 사실만으로 매출이 완성되는 것이 아니다. 그에 따르는 수금, 즉 실질적인 수금이 완료되어야 비로소 기업은 생존하고 다음 단계를 준비할 수 있다. 종종 우리는 숫자를 앞세워 매출이라는 성과에 집중하지만, 영업의 진짜 마침표는 고객에게 받은 대금이 은행 잔고로 들어오는 순간이다.

　수금이 이루어지지 않으면, 아무리 많은 매출을 올려도 기업은 현금 흐름의 고갈로 무너진다. 그래서 수금은 단지 회계의 문제가 아니라, 영업 전략의 마지막 줄이다. 영업사원은 판매와 수금이라는 이 두 개의 고리를 모두 책임질 수 있어야 하며, 그 균형을 지킬 때 기업은 진짜 이윤을 남길 수 있다.

"매출은 시작이고, 수금은 끝이다.
그 둘을 모두 이루어내는 사람이 기업을 움직이는 사람이다."

Chapter 5
영업의 신의 영업마케팅 꿀팁

영업 및 마케팅 전략은 현장에서 살아있다. 책상 위에서 그리는 전략은 현장에서 쉽게 무너진다. 실전은 논리로 움직이지 않는다. 고객의 감정, 타이밍, 상황, 우선순위, 그 모든 흐름이 겹쳐질 때 비로소 반응이 생긴다. 그래서 우리는 이제부터 책상이 아니라 실제 현장*(AF: Actual Field)*에서 작동하는 마케팅 전략에 대해 이야기하려 한다.

가치만 말하는 시대는 지났다. 이제는 가치를 꿈꾸게 해야 한다. 공급보다 중요한 건 수요다. 고객이 "이거 꼭 필요해요."라고 말하기 전에, 그 필요를 먼저 만들어 주는 전략이 필요하다.

고객이 있는 곳, 즉 물고기가 있는 곳에 낚싯대를 던진 후 모든 카드를 한 번에 오픈하지 않고 고객의 리듬에 맞춰 전략적으로 공개해야 한다. 아마존 원주민에게 운동화를 팔기 위해서는 신발이 필요한 순간을 예측하는 통찰이 필요하다. 고객의 선택을 유도하려면 때로는 공포와 불안이라는 감정의 작용점도 활용할 줄 알아야 한다.

마케팅은 멋진 기획이 아니라, 가장 치열한 곳에서 먼저 실험해 보는 것이다. 충성 고객을 확보하려면 단순히 제품만 좋아서는 안 된다. 그들에게도 투자 원칙이 필요하고, ROI(투자 회수) 논리가 있어야 한다. 그들의 이익이 함께 커질 수 있도록, 비용도 나누고 이익도 분할하는 구조, 즉 '고객이 돈을 벌게 해주는 영업'이 이뤄져야 한다.

예를 들어 병원 원장의 고민을 이해하고 그 병원을 방문하는 환자까지 관찰하며 기회를 읽는다. 내가 설득해야 할 대상은 의사가 아니라, 의사의 고객일 수도 있다.

이제 이 장에서는 말뿐인 슬로건이 아니라 현장에서 마케팅과 영업이 동시에 작동하는 실제 전략들을 다룬다. 이 모든 전술의 중심에는 흔들리지 않는 철학이 있어야 한다. 그 철학이 없으면 단기 성과에 흔들리고, 그 철학이 있으면 단기 실패마저 전략이 된다.

이 장에서는 현실적이 이야기를 해야 하기 때문에 이상적인 중심 부분과 충돌이 나는 부분도 있을 수 있다. 하지만 상황에 맞게 판단하여 실질적인 영업 및 마케팅 활동에 도움이 될 수 있도록 하기를 바란다. 하지만 그 모든 고민과 행동 전략은 앞장에서 다뤘던 모든 영업적 근본이 바탕이 되어야 한다.

01.
가치적 이상을 꿈꾸게 하라

영업에서 진정한 설득은 고객이 제품을 통해 '무엇을 얻을 수 있는가?'를 넘어서, '내가 이 제품으로 어디까지 갈 수 있을까?'를 상상하게 만드는 데서 시작된다. 좋은 제품, 뛰어난 기능, 경쟁력 있는 가격은 기본일 뿐이다. 고객의 마음을 진짜로 움직이는 것은 제품의 '기능'이 아니라 그 기능이 파생시키는 가치의 파도와 그 파도가 만들어 낼 미래의 변화다.

특히 새로운 제품을 소개할 때, 우리는 너무 자주 스펙과 성능만을 이야기한다. 그러나 고객이 진짜로 궁금해하는 것은 이 제품이 자신의 삶이나 비즈니스에 어떤 이점을 가져다 줄 것인지, 얼마나 빠르게 자신의 경쟁력을 높여줄 것인지, 그리고 남들과는 다른 방향을 선택하게 만들어 줄 것인지다. 즉, 이 제품은 단지 하나의 도구가 아니라 고객의 미래를 앞당기고 확장시켜 주는 매개체가 되어야 한다.

이를 위해서는 단계적인 설계가 필요하다. 첫째, 제품이 지닌 고유한 가치를 명확히 정의해야 한다. 그 제품은 무엇을 절약시켜 주는가? 어떤 효율을 높여 주는가? 어떤 문제를 해결하는가? 이 질문에 대한 해답은 기능적인 설명이 아니라, 삶의 변화로 이어질 수 있어야 한다. 예를 들어 시간 절약이라는 기능은 단순히 몇 시간을 줄여준다는 의미가 아니라, 그 시간 동안 고객이 더 많은 거래를 성사시킬 수 있고, 더 많은 사람을 만날 수 있고, 더 많은 이익을 만들 수 있다는 그림으로 연결되어야 한다.

둘째, 그 가치가 만들어 내는 파생 효과를 구체적으로 예측해 보여주어야 한다. 제품 하나를 추가하거나 교체함으로써 줄어드는 비용, 줄어드는 인력, 감소되는 실수와 오류들. 그리고 그 모든 변화들이 모여 비용 구조를 바꾸고, 수익의 흐름을 재구성하게 된다는 것을 시각화해야 한다. 이 파생 효과는 단기성과를 설득하기 위한 도구이기도 하지만 동시에 장기적인 구조 변화의 신호이기도 하다.

마지막으로, 고객이 이 제품을 선택함으로써 얻게 될 미래의 모습을 구체적으로 상상하게 해주는 것이 핵심이다. 경쟁사보다 먼저 도입함으로써 시장을 리드하게 된다거나 더 편안한 작업 환경 속에서 직원들의 만족도가 올라가는 모습, 혹은 고객에게 더욱 신뢰받는 서비스 제공자로 성장해 있는 자신의 모습. 이 모든 '이상적인 미래'를 제품 하나를 통해 투사하게 만들 수 있어야 진정한 설득이 가능하다.

우리는 종종 영업을 '판다'고 말하지만, 사실은 파는 것이 아니다. 보여주는 것이다. 그리고 그 보여주는 대상은 '지금의 상품'이 아니라, '앞으로 펼쳐질 고객의 미래'다. 고객은 결국 지금의 논리보다, 내일의 상상에 의해 움직인다. **우리가 해야 할 일은 그 상상을 설계해 주는 일이다.**

02.
불안 심리를 자극하라

무엇보다 인상적인 점은 고객의 감정을 자극하되, 판단은 철저히 고객의 몫으로 남겨두는 절제된 거리감이다. 강요하지 않음으로써 오히려 고객 스스로 결정하게 하는 이 방식은, 실무 현장에서 매우 실천적인 가치를 지닌다. 예를 들어 다음과 같은 문장들은 고객의 자존심과 주체성을 동시에 존중하며 설득을 이끌어내는 대표적 표현이다.

"지금까지는 아무 문제가 없으셨다는 말씀, 정말 다행입니다. 다만…."

"사고가 나서 대응하는 게 아니라, 사고가 나기 전에 준비하는 것이 업계의 관행이 되었습니다."

이러한 표현은 단순히 불안을 '팔기 위한 무기'로 사용하는 것이 아니라, 미래를 준비하게 만드는 상담자적 위치에서 나온 언어다. 이 말은 영업이 '상품의 기능을 전달하는 것'이 아니라, '미래의 불편을 줄여주는 설계자'가 되는 과정임을 다시 한번 확인시켜 준다.

"진짜 영업은 불안을 팔지 않는다. 대신 불안한 미래를 준비하게 돕는다"

03.
물고기가 있는 곳을 찾아서 낚싯대를 던져라

우리가 낚싯대를 던져야 할 곳은 '가장 넓은 바다'가 아니다. 가장 많은 반응이 일어날 수 있는 고객의 고민이 깊어진 자리여야 한다. 그 자리에 가서 정확한 타이밍에 가장 적절한 미끼를 던질 수 있는 영업사원이 결국 물고기를 끌어올리는 사람이다.

여기에 더해 보다 직접적인 접근 방법도 존재한다. 만약 우리가 B2B 파트너를 찾아야 하는 상황이라면 가장 효과적인 방법은 해당 제품이 포함된 산업 전시회(Industry Exhibition)에 참여하는 기업들을 타깃으로 삼는 것이다.

단순한 브로슈어 배포나 명함 수집이 아니라, 참가사들이 가진 목적과 니즈를 빠르게 읽고, 그 니즈를 우리 제품이 어떻게 보완할 수 있는지 현장에서 바로 제안할 수 있어야 한다. 이런 전시회는 단순한 쇼케이스가 아니라 진짜 물고기가 몰려드는 포인트다.

반면, 우리가 B2C 영역, 특히 엔드 유저를 직접 공략해야 하는 경우라면 접점은 다르다. 대표적인 예가 의료기기라면 의사들이 모이는 학회가 있다. 그 학회는 단순한 발표의 장이 아니라 최종 사용자가 주목하고 참여하며 깊은 관심을 갖는 정보의 시장이다. 그 자리에서 논문 발표자, 좌장, 참여자들과 자연스럽게 대화를 트고 제품을 언급하고, 인상 깊은 접촉을 만들어야 한다. 이 접촉은 단순한 홍보가 아니라 신뢰의 싹이다.

그리고 이 모든 전략 위에는 SNS나 언론, 광고매체 등의 채널을 통한 브랜드 노출 전략, 즉 '떡밥 전략'이 작동하고 있어야 한다. 브랜딩과 존재감이 미리 형성되어 있다면 전시회와 학회 현장에서는 '어디서 본 적 있는 브랜드'라는 기억의 흔적이 이미 고객의 인식에 깔려 있게 된다. 그러면 대화의 벽은 낮아지고, 신뢰의 문은 훨씬 쉽게 열린다.

이처럼 온라인과 오프라인, B2B와 B2C, 미끼와 직접 조우의 전략이 유기적으로 연결되어야 영업은 비로소 '찾아다니는 일'이 아니라 '끌어당기는 일'이 된다.

물고기를 찾아가는 것도 중요하지만, 그들이 먼저 몰려들 수밖에 없는 환경을 만드는 것. 그것이 전략이 되고, 전략이 실적이 된다.

"넓게 던지는 것보다, 깊이 꽂히는 한 번의 투척이 더 많은 성과를 만든다."

04.
미안 마케팅, 작지만 깊은 빚을 만드는 기술

우리가 어릴 적 자주 보던 장면이 있다. 아버지들이 저녁 자리에서 앞다투어며 계산하던 모습이다. 서로 지갑을 꺼내며 "이번엔 내가.", "저번에도 네가 했잖아."라며 계산서를 쥐고 실랑이를 벌이는 모습. 이 장면은 단순한 '허세'가 아니라, 우리 삶 속에서 가장 자연스럽게 작동하는 미안 마케팅의 본질을 보여준다.

왜 사람들은 먼저 계산하려 할까? 그건 자신이 준 만큼 상대방에게 심리적 빚이 생긴다는 걸 알기 때문이다. 반대로 여러 번 얻어먹은 사람은 어느 순간부터 조금씩 미안한 마음을 품게 된다. 말로 하지 않아도, 돈으로 환산하지 않아도, 그 감정은 무의식 속에서 계속 누적된다.

그리고 그 빚은 언젠가 행동으로 돌아온다. 계산을 많이 한 사람이 어느 날 부탁을 하면, 얻어먹기만 했던 쪽은 쉽게 거절하지 못한다. 그건 논리가 아니라 감정의 긴장감이 만든 관계의 힘이다. 이것이 바로 미안 마케팅의 심리 구조. 주도적으로 제공하고, 천천히 채무감을 누적시키는 관계 설계이다.

영업사원도 마찬가지다. 고객에게 큰 혜택이나 파격적인 조건을 제공할 필요는 없다. 중요한 건 작지만 자주, 의도가 없어 보이지만 인상적인 방식으로 도움을 주는 것이다. 예를 들어 정보 공유, 논문 전달, 업계 트렌드 요약, 초청 행사 안내, 혹은 생일 축하 메시지 하나까지도 '이 사람은 늘 나를 먼저 생각해주는 사람'이라는 감각을 심어주는 것이 핵심이다.

그렇게 미안함이 켜켜이 쌓이면, 고객은 스스로도 모르게 영업사원을 '기억'하고, 그 기억은 어느 순간 "이번에는 한번 들어줘야지."라는 반응으로 바뀐다. 이 전략은 강요하지 않는다. 그러나 결코 가볍지도 않다. 미안 마케팅은 관계의 전선 아래 깔린 정서적 균형 설계다. 말 한마디보다 오래 남고 제안서보다 깊이 작동한다. 바로 그 지점에서 정중한 설득은 무력하고 정서적 긴장은 영향력을 가진다.

내가 직접 경험한 사례가 있다. 전시회에 참가한 한 기업의 대표팀장으로 근무할 때, 하루는 그 전시회를 운영하는 한 영업사원이 내게 연락을 해왔다. 처음엔 메일을 한 통 보냈고, 며칠 뒤 다시 보냈다. 그다음은 SNS 메시지, 링크드인 채팅, 우편으로 도착한 인사편지. 그래도 내가 응답하지 않자 그는 전화를 걸었다. 심지어 내가 다른 행사에 참석한 걸 알아내고는 그 전시회 현장의 내 부스에 세 번이나 찾아왔다. 그리고는 내 사진을 찍어 "오늘 여기서 뵐 수 있어 반가웠습니다."라는 메일을 보내왔다. 그 해 크리스마스, 신년, 봄 인사까지도 그는 놓치지 않았다.

그렇게 시간이 지나면서, 필자는 그 사람이 속한 단체에 대해 점점 익숙해졌고, 무엇보다도 그 사람 자체에게 미안한 마음이 쌓여가기 시작했다. "아직 응답 못 드렸네요."라는 생각이 내 안에 자리잡더니, 어느 순간 필자는 자연스럽게 그 전시회 참가 의향을 공식적으로 전달하고 있었다.

필자는 그가 나를 강하게 설득했다고 느끼지 않았다. 다만 그가 계속 곁에 있었다는 느낌, 그리고 내가 어느새 한 발 늦게 반응하고 있다는 정서적 빚이 생긴 것이다. 그게 바로 미안 마케팅이다. 작은 행동 하나하나가 무언의 긴장감과 감정의 무게를 쌓아간다. 그리고 그 무게는 결국 거래의 문을 연다. 관계는 말이 아니라, 누적이다. 미안함은 최고의 설득이고, 계속해서 잊히지 않는 존재가 되는 것, 그것이 미안 마케팅의 정수다.

05.
한 번에 모든 카드를 다 오픈하지 마라

어느 평범한 하루, 중고차 매매소에 한 남자가 들어온다. 겉보기엔 평범하지만 이 남자에겐 한 가지 절박한 사정이 있다. 바로 '옆집 남편보다 100만 원이라도 싸게 차를 사야 하는' 나름의 목표가 있다.

그 전쟁의 배경에는 아내가 건넨 한 장의 명함이 있다. 명함 뒤에는 가격이 적혀있다.

"옆집에서 이 가격에 샀으니까 당신도 이 가격에 맞춰."

남편은 고민에 빠진다. 그 가격이 너무 공격적이다. 하지만 물러설 수도 없다. 그래서 그는 결심한다.

"오늘 이 차, 이 가격보다 싸게 사 간다."

매장에서는 마침 한 명의 영업사원이 남아 있다. 오늘 하루 계약 한 건도 못 한 상태. 그래서 그에게도 이 거래는 간절하다. 그러나 절대 먼저 모든 카드를 내어줄 순 없다.

남편은 타이어를 툭툭 차고, 후드를 열었다 닫으며 시간을 끈다. 영업사원은 직감적으로 반응한다. '이 분, 진지하다.'

첫 카드를 꺼낸다.

"지금 계약하시면 300만 원 할인해 드릴 수 있습니다."

남편은 반응하지 않는다. 휠을 쓰다듬고 외관 기스를 살펴본다. 영업사원은 두 번째 카드를 꺼낸다.

"외관 기스까지 감안해서 100만 원 더 할인해 드리죠."

총 400만 원 할인.

남편의 입가는 미세하게 움직이지만 아직 고개는 끄덕이지 않는다.

"이 차, 꼭 제 차여야 합니다."

이 말에 영업사원은 마지막 '표면 카드'를 꺼낸다.

"그럼 제 커미션에서 35만 원 더 뺄게요."

남편은 눈빛을 바꾼다.

"그래도, 옆집보다 아직 100만 원이 비싸요."

그리고 이어지는 명언.

"제 체면이 걸려 있습니다."

영업사원은 난감해진다.

"요즘 인플레이션 심해서요. 가격은 더 못 내리지만…."

"외관 코팅과 고급 매트, 20만 원 상당 사은품은 넣어드리죠."

그러자 남편은 딱 잘라 말한다.

"그럼 제가 55만 원 더 내고 갈게요. 남기실 것도 없잖아요. 자녀도 키우셔야죠."

그렇게 400만 원 할인, 추가 현금 제안까지 나왔지만 여전히 그는 '그 가격'에는 못 미친다.

시간은 흘러간다.

영업사원은 지쳐간다. 결국 그는 마지막 비장의 카드를 조심스럽게, 무심한 듯 꺼낸다.

"사실, 이건 제 구입가입니다. 여기에 마진이 거의 없어요."

이건 사실상 내면 카드, 믿음을 얻기 위한 '투명한 고백'이다.

남편은 멈추지 않는다.

"그럼 결정 권한자와 상의해 보시죠."

한 번에 무너지지 않는다.

시간과 에너지를 사용하게 만들고, 끝까지 자신의 입장을 유지한 채 협상의 끈을 놓지 않는다. 이 협상은 중고차가 아니라, 심리와 존중과 설득의 거래다. 그리고 그 과정을 통해 배울 수 있는 건 분명하다.

영업은 먼저 다 주는 사람이 지는 싸움이 아니다. 영업은 먼저 지치거나, 먼저 고개 숙이는 사람이 지는 싸움이다.

고객이 먼저 말하게 만들어야 한다. 상대가 먼저 고민하게 하고, 질문하게 하고, 설득 당하기보다 스스로 동의하게 만들어야 한다. 모든 카드를 초반에 꺼내서는 안 된다. 상대가 움직일 때 꺼내야 힘이 된다. 그게 바로 거래를 살아 있게 만드는 전략이다.

06.
필요는 경험을 통해 만들어진다

가끔은 이런 상상을 해보자. 문명과는 다소 거리가 있는 아마존의 한 부족 마을. 이곳의 사람들은 맨발로 땅을 딛고, 최소한의 옷만으로 사냥과 생존을 이어간다. 오랜 세월 그렇게 살아왔고, 누가 봐도 불편해 보이는 환경을 그들은 아무렇지 않게 견뎌낸다. 자외선, 벌레, 뱀, 돌부리, 가시덤불은 더 이상 위험이 아닌 일상의 일부다.

그런 이들에게 한 기업이 나타난다. 1년 동안 운동화와 옷을 무료로 제공하겠다는 제안이다. 그들은 의심하고 어색해하며 한동안은 사용하지 않는다. 신발은 불편하고, 옷을 걸치는 일도 번거롭다. 맨발로 뛰던 그들에게 운동화는 감각을 억제하는 장애물 같고, 몸을 감싸던 햇살과 바람을 옷이 가려버리는 듯한 답답함이 느껴지기도 한다.

하지만 시간은 묘하다. 어느 날부터 한두 명이 신발을 신고 다니기 시작한다. 다음 주에는 셋, 그다음 달엔 열 명이 된다. 어느새 마을 사람들 대부분이 운동화와 옷을 착용하게 된다. 단단했던 굳은살은 운동화 안에서 말랑해졌고, 자외선과 벌레에 강했던 피부는 이제 옷 없이 햇빛을 견디지 못하게 되었다. 이제 신발과 옷은 '필요'가 아니라 '당연함'이 된다.

바로 그 시점에서 변화가 시작된다. 1년간 무료로 제공되던 공급이 갑자기 끊긴다. 아무도 더 이상 운동화를 나눠주지 않고, 옷도 구할 수 없다. 사람들은 점점 고통을 느끼기 시작한다. 맨발로 나선 아이가 돌부리에 발바닥을 찢기고, 맨몸으로 다시던 여성이 햇살에 화상을 입는다.

이제 그들에겐 더 이상 맨몸의 삶이 익숙하지 않다. 익숙해졌던 것의 부재는 고통이 된다. 사람들은 스스로 요구하기 시작한다.

"운동화를 다시 받을 수 없나요?"

"옷은 언제 다시 나눠주나요?"

그리고 그때, 그 기업이 다시 등장한다. 이번에는 무료가 아니다. 공포와 결핍, 불편과 불안을 등에 업고 제품은 가격이 붙은 채 시장에 돌아온다.

현금이 없는 원주민은 염소 한 마리를 주고 신발 한 켤레를 얻는다. 소 한 마리를 내어주고 아내에게 입힐 원피스를 얻는다. 가격은 말도 안 되게 비싸다. 그러나 거래는 성립된다. 그 이유는 단 하나다. 그들은 이미 경험했기 때문이다. **한 번 누린 편의는 다시는 포기할 수 없는 '필요'가 되어버린다.**

이 사례는 단지 극단적인 마케팅 이야기로 끝나지 않는다. 이건 오늘날 수많은 영업 전략에서 반복되는 구조이자 브랜드 경험이 수요를 만든다는 강력한 원리다.

처음부터 강요하지 않는다. 처음에는 편안함을 제공하고, 익숙함을 유도한다. 그다음은 결핍을 경험하게 하고 스스로 원하게 만든다. 마지막에는 비로소 가치를 지불하게 된다. 사람은 본능적으로 필요를 느끼는 존재가 아니다. 필요는 만들어진다. 그것은 경험을 통해 스며들고, 결핍을 통해 절실해지고, 지불을 통해 소유된다. 그 원리를 이해한 영업사원은 고객에게 처음부터 강요하지 않는다. 먼저 체험하게 하고, 조금씩 익숙해지게 하고, 결국 스스로 요청하게 만든다.

아마존 원주민의 운동화는 우리가 팔고자 하는 모든 제품이 어떻게 시장에 들어가야 하는지를 말해주는 이야기다. 이것은 남미 아마존 원주민의 경우만을 얘기하는 것이 아니다. 아프리카 마사이마라의 부족에서도 동일한 예를 볼 수 있다.

이 사례에서 얻을 수 있는 결론은 고객의 현재 상황과 위치가 너무 다양하고 각각 다른 위치에 있기 때문에 우리가 판매하는 제품의 가치를 잘 연계하여 한 단계 위쪽으로 또는 한 단계 아래쪽으로 시장의 수요를 만들어주고 그 수요가 곧 생활이 될 수 있도록 소비자들에게 지속적으로 노출하고 설득하는 작업이 지속되어야 한다는 사실이다.

아메리칸 브렉퍼스트(American Breakfast), 미국식 아침식사의 경우도 그렇다. 한 베이컨 제조사는 바쁜 아침에 고기를 먹기 부담스러운 미국 음식 문화에 과감하게 파고 들어가는 데 성공하였다. 지속적인 광고를 실시하고 의학적 권위자들의 추천을 미디어에 지속적으로 노출시킨 결과, 베이컨은 미국의 아침식사에 당연히 오르는 메뉴가 되었다. 미국 아침 식단의 주 메뉴가 된 베이컨의 사례는 고도의 마케팅 전략이 만들어 낸 성공사례의 한 예이다.

07.
공포심 유발 전략

공포심 유발 전략은 매슬로의 욕구 단계 위에 있는 사람에게 아래 단계를 흔들어 불안을 자극하는 방식이다.

자아실현을 추구하는 사람에게는
"이 모든 걸 가능케 한 당신의 건강, 과연 안전한가요?"
사랑받고 소속되어 있는 사람에게는
"그들과 오래 함께할 수 있다고 확신하시나요?"
평온한 삶을 사는 사람에게는
"그 평온한 삶, 암 진단 한 번이면 끝입니다."
생리적 욕구가 채워진 사람에게는
"호흡, 배설, 움직임… 평생 보장된 게 아닙니다"

현장 사례 하나.
한 보험 설계사는 이렇게 말한다.

"정말 죄송한 질문일 수 있는데요, 만약 지금 암 진단을 받는다면…, 사랑하는 가족들, 특히 자녀 교육은 어떻게 하시겠어요?"

그 순간 고객은 상품이 아닌 자신의 두려움을 상상하게 된다. 그리고 바로 그 불안이, 행동으로 이어지는 동력이 된다.

공포는 나쁜 전략이 아니다. 불안을 설계하는 방식이 문제일 뿐이다.

* 본 사례는 마케팅과 영업 전략의 이해를 돕기 위한 설명일 뿐이며, 비윤리적 접근을 권장하거나 조장하려는 의도는 전혀 없음을 분명히 밝힙니다.

08.
고객은 최고의 영업사원이다

우리는 지금까지 고객의 마음을 얻기 위해 정성을 다해왔다. 그 마음은 어느 날, 제품을 구매하는 행동으로 이어졌고 고객은 우리의 가치를 '경험' 하게 되었다. 그 경험이 진짜라면, 고객은 더 이상 소비자에 머물지 않는다. 그는 누군가에게 말하고 싶어진다.

"야, 이거 너도 써봐."

"내가 써봤는데 진짜 괜찮아."

사랑하는 가족에게, 가까운 친구에게, 옆자리 동료에게. 사람은 좋은 것을 공유하고 싶어하는 존재다. 특히 나를 감동시킨 브랜드라면 그 감동의 순간을 친한 사람들에게도 전하고 싶어 하는 것이 인간의 자연스러운 마음이다.

이 순간 고객은 영업사원이 된다. 권하지 않아도 말한다. 보상하지 않아도 움직인다. 이야기하고, 보여주고, 확신을 나눈다.

그 어떤 마케팅 예산보다 강력한 것. 그 어떤 광고보다 신뢰를 주는 것. 그것이 진심으로 울림을 주는 고객의 입소문, 그리고 그들이 만들어 내는 살아 있는 바이럴 마케팅이다.

09.
경쟁사 영업사원도 충성 고객이 있다

"경쟁사 영업사원도 충성 고객이 있다."

우리는 앞서 이야기했다. 충성 고객은 제품에만 충성하지 않는다. 그들은 사람에게, 영업사원에게, 신뢰의 끈을 맺는다. 그래서 내가 회사를 옮기더라도, 그 고객은 여전히 나를 따라오고 내가 파는 새로운 제품을 기꺼이 사주고, 또 주변에 추천해 준다.

그런데 그와 똑같이 경쟁사 영업사원에게도 그런 고객이 존재한다. 어떤 고객은 경쟁사 제품을 쓰는 게 아니라 그 영업사원을 믿기 때문에 쓰는 것이다. 그 신뢰는 단순한 구매를 넘어선다. 그는 그 영업사원을 가족처럼, 친구처럼, 형제처럼 여길 수 있다.

그런 상황에서 우리가 "그 제품 별로예요." "그 회사 문제 많잖아요." "그 솔루션은 한계가 있습니다"라고 말하는 순간, **그건 단지 경쟁사의 제품을 비판한 게 아니다. 그 고객의 선택을 비난한 것이고, 그 고객의 신뢰를 무시한 것이며, 그 고객의 사람을 욕한 것이다.**

특히 중요한 프로젝트, 컨소시엄 구성과 예산 조정, 방향 설정에 핵심 역할을 하는 키맨(Key Man)의 감정을 건드리는 순간, 그 프레젠테이션은 이미 실패한 것이다.

영업사원은 반드시 기억해야 한다. 경쟁사의 제품 뒤에도 관계가 있고, 감정이 있고, 사람이 있다는 것을. 그것을 무시한 말 한마디는 상품의 가치를 설명하는 1시간의 프레젠테이션을 단숨에 허사로 만들어 버린다. 그러니 제품을 팔기 전에, 고객이 누구를 믿고 있는지를 먼저 살펴야 한다. 존중은 신뢰를 만든다. 신뢰는 계약을 바꾼다.

10.
투자의 법칙

영업과 마케팅에서 가장 강력한 움직임은 '먼저 사용하는 자'로부터 시작된다. 고객은 말보다 경험에 반응한다. 직접 써보지 않으면 진짜 가치를 알 수 없고, 가치를 알아야만 구매로 이어진다. 한 번의 구매는 끝이 아니다. 그것은 인프라를 만든다. 그리고 그 인프라 위에서 다음 세대는 자연스럽게 학습하게 되고, 그렇게 학습한 이들은 또다시 구매자가 된다. 이렇게 반복되는 구조가 바로 시장이 자생적으로 자라나는 선순환의 메커니즘이다.

그러나 이런 구조는 저절로 만들어지지 않는다. 기업의 선투자, 영업사원의 결단, 그리고 내부를 설득할 수 있는 전략적 주관이 있어야 가능한 일이다. 많은 기업들이 이 지점에서 길을 잃는다. 아직 브랜드도, 레퍼런스도 약한 상황에서 처음부터 전체 시장을 상대로 영업을 펼치려다 보니, 정작 중요한 '첫 번째 물꼬'를 트지 못하고 정체되는 경우가 다반사다.

그래서 필자는 집중 전략을 적극 추천한다. 가장 영향력 있는 고객, 가장 효과를 발휘할 수 있는 현장, 그 한 지점에 모든 에너지를 쏟아부어 단단한 레퍼런스를 만든다. 하나가 터지면 그다음은 자연스럽다. 고객들은 제품이 아니라 신뢰와 사례를 보고 움직인다. 그리고 그 제품을 사용한 고객사의 직원이 익숙해진 후, 이직하거나 다른 프로젝트를 맡게 되면 그들은 다시 그 제품을 선택하게 된다. 한 세대가 익숙하게 쓴 제품은 그다음 세대에게는 설명조차 필요 없는 당연한 선택이 된다. 이것이 바로 '투자의 법칙'이다. 먼저 주고, 먼저 체험하게 하며, 그 경험을 기반으로 시장을 만드는 것, 이것이 진짜 영업의 마인드다.

이 원리를 현실에서 가장 정교하게 활용한 회사가 있다. 미국의 의료기기 기업 '홀로직(Hologic)'은 골밀도 측정 장비를 판매하는 회사다. 그러나 그들의 목표는 단순히 장비를 파는 것이 아니다. 그들은 각 나라의 여성 건강 패러다임 안에 자사의 장비를 '기준'으로 심어 넣는 전략을 실행해 왔다. 그들은 먼저 각국의 여성 건강센터에 자사 장비를 무상으로 기증한다. "우리는 여성의 뼈 건강을 위해 존재합니다."라는 메시지를 입으로 말하지 않고 실물로 보여준다.

그다음 단계는 학회와 연구기관이다. 골다공증, 골절, 노화 관련 연구의 선두에 있는 전문가들에게 장비를 제공하고, 그들이 그 장비를 중심으로 논문을 쓰고 학회에서 발표하게 만든다. 이렇게 되면 업계 전체가 해당 장비를 '표준'으로 받아들이게 된다. 결정적인 한 수는 여기서 끝나지 않는다. 홀로직은 각국의 의대와 대학병원, 교육기관에도 장비를 무상으로 제공한다. 예비 의사들과 박사 과정 연구자들은 최소 4년, 길게는 8년 동안 반복해서 그 장비를 사용하게 된다. 그들의 손에 익은 버튼, 눈에 익은 화면 구성, 몸이 기억하는 감각은 그 장비를 기술이 아닌 습관으로 만들고, 습관은 그들의 의료

인생에 깊이 각인된다.

그렇게 훈련된 의사와 연구자들은 사회로 나가 개업하거나 병원에서 의사로 일하게 되었을 때, 별다른 고민 없이 그들이 익숙한 장비를 선택하게 된다. **익숙함은 곧 자신감이고, 자신감은 구매로 이어진다.** 이것은 단순한 마케팅이 아니다. 사람을 중심으로 시간을 설계한 정교한 영업 전략이다.

누군가 오늘 이 장비를 무료로 사용하게 되면, 그는 5년 뒤에는 우리 고객이 되고, 그의 고객은 10년 뒤 또 다른 고객을 만들어 낸다. 이런 순환을 가능하게 하는 출발점은 단 하나, '선투자'다. 그리고 이 선투자는 스스로 움직이는 것이 아니다. 이를 실행에 옮기게 만드는 것은 영업사원의 마인드다. 지금이 아니라 미래를 판다는 확신, 그 믿음이 결국 시장을 만들고, 세대를 움직이고, 영업을 예술로 바꾼다.

11.
ROI 투자회수 (고객이 돈을 벌게 해주자)

고객에게 ROI를 설명할 때 가장 중요한 것은, 그 수치를 직관적으로 인식할 수 있게 만드는 시각화. 아무리 수치가 좋고 회수기간이 짧다 해도, 고객이 그 구조를 머릿속에서 그리지 못하면 그것은 이익이 아니라 복잡한 계산일 뿐이다. 영업사원이 반드시 기억해야 할 점은 이것이다. 고객은 숫자가 아닌 그림으로 설득된다.

예를 들어 진단 장비를 병원에 제안한다고 가정하자. 이 장비를 도입할 경우, 하루에 고작 세 명만 검사를 받아도 ROI는 빠르게 돌아온다. 주 5일 진료 기준으로 보면, 한 주에 15명, 한 달이면 60명, 1년이면 720명이다. 이 장비를 2년간 운용한다고 하면 1,440건의 진단이 이루어진다. 각 진단에 대한 평균 수익만 잡아도 장비 투자금은 전액 회수되며, 장비 수명이 10년이라면 나머지 8년은 온전히 수익으로 누릴 수 있다. 만약 하루 3명이 아니라 6명, 혹은 10명이 검사를 받는다면 ROI 회수 속도는 2배, 3배 이상 빨라지고 전체 수익 구조는 폭발적으로 커진다.

여기서 핵심은 이 계산을 단순한 말로 풀지 말고, 테이블 형태로 시각화하는 것이다. 하루 진단 인원별 수익 구조, 회수 기간, 10년 예상 수익을 표로 구성하고, 옆 칸에 경쟁사 장비의 ROI 구조를 똑같은 조건으로 나란히 비교한다. 그 순간 고객은 말보다 빠르게 '차이'를 본다. 숫자가 아니라 흐름이 눈에 들어온다. 그리고 그 흐름이 명확하면, 결정은 더 이상 지연되지 않는다.

ROI는 결국 숫자의 싸움이 아니라 이해의 싸움이다. 이해가 빠른 고객은 움직임도 빠르다. 그렇기 때문에 영업사원은 제품의 기술력만 말하지 말고, 그것이 얼마나 빨리, 얼마나 크게 고객에게 수익을 안겨줄 수 있는지를 보여줘야 한다. 그리고 그 '보여주는' 방식이 탁월할 때, 고객의 마음은 흔들리지 않고 움직이게 된다.

12.
수요가 없다면 만들어 줘라

　필자는 실제로 ROI를 설명하는 데 그치지 않고, 그 수치를 현실로 전환시키는 작업까지 경험한 바 있다. 당시 필자는 병원의 대리점을 통해 골밀도 진단 장비를 납품했고, 장비를 구매한 병원 오너에게 ROI 테이블을 근거로 수익 회수 시나리오를 명확하게 제시했다. 그러나 막상 병원이 개원하고 나자, 우리가 제시한 시뮬레이션만큼 환자가 방문하지 않았다. 병원은 불안에 휩싸였고, 장비는 놀고 있었다. 아무리 수치가 근거 있고 합리적이어도 현실에서 환자가 내원하지 않으면 그것은 허상일 뿐이었다.

　그때 우리는 멈추지 않았다. 장비만 납품하고 끝내는 것이 아니라, 실질적인 수요를 만들어 내기 위해 직접 현장 마케팅을 설계하고 실행했다. 병원 인근에 있는 약국, 정형외과, 내과, 산부인과, 여성의원 등 주요 거점들과 지역 여성 커뮤니티에 리플릿을 배포했다. 그 리플릿에서 골다공증, 골절, 특히 고령자의 낙상이 얼마나 위험한지를 강조했고, 골밀도 검사의 필요성을 공감할 수 있도록 내용을 구성했다. 단순히 정보를 전달하는 것이 아니라 일정 수준의 공포를 자극하는 방식이었다.

그 리플릿은 직접적으로는 고령층에게, 간접적으로는 그들의 가족에게 영향을 주었다. 할머니, 할아버지들이 걱정을 느끼게 되고, 그 감정은 아들과 손주들에게로 전달되었다. 자식은 부모의 건강을 걱정하고, 손주는 조부모의 안전을 지켜주고 싶어 한다. 이 감정의 흐름이 병원으로 이어지는 진짜 이유였다. 우리는 리플릿에 병원의 연락처, 이메일, 위치를 명확히 기재했고, 이 모든 문의가 우리가 납품한 병원으로 집중되도록 설계했다.

결과는 예상 이상이었다. 환자가 병원으로 몰리기 시작했고, 진단 장비의 가동률은 눈에 띄게 높아졌다. 우리가 제시한 ROI 테이블은 실제 수익 구조로 구현되었고, 병원 오너는 우리 장비의 가치를 체감했다. 소문은 빠르게 퍼졌다.

"그 병원은 골다공증 진단으로 손님이 끊이지 않는다."

그 말을 들은 인근 병원들, 특히 경쟁 병원들까지도 장비에 관심을 가지기 시작했다. 결국 그 지역 내에서 하나의 흐름, 하나의 유행처럼 의료기기 도입 붐이 번져나갔다.

흥미로운 건 마케팅 계약이 끝난 이후였다. 처음에 3개월 계약으로 진행된 마케팅이 종료되자 병원 측에서 먼저 연락이 왔다. 손님이 다시 줄고 있다는 것이다. 그리고 병원 오너는 1년 간의 마케팅 연장을 요청하면서 추가 비용을 지불하겠다고 말했다. 장비 판매로도 이익을 남겼지만, 어느 순간부터는 마케팅 서비스 자체가 더 큰 수익을 만들어 내는 구조로 바뀌고 있었다.

이 경험을 통해 확신하게 되었다. 영업은 장비를 파는 것으로 끝나지 않는다. ROI를 설명했다면, 그 ROI가 실현될 수 있도록 시장을 함께 만들어줘야 한다. **수치와 시뮬레이션은 출발점일 뿐이고, 실질적인 수요를 창출하기 위해서는 현장 기반의 행동력이 필요하다.** 그 노력은 고객에게 신뢰를 심어주고, 제품은 단순한 기계가 아닌 해결책이 된다. 그렇게 고객의 성공을 함께 만든다는 공감대가 형성될 때, 진짜 시장은 열린다. 그리고 그 성공은 소문이 되어 결국 경쟁사까지 우리를 따라오게 만든다. 이것이 내가 믿는 진짜 영업의 힘이다.

13.
대리점과의 이익 분배 전략

현장에서 실제 영업 활동을 주도해야 하는 주체는 본사 영업사원이 아니라, 지역을 책임지는 대리점 소속의 영업사원이다. 하지만 현실은 그렇게 단순하지 않다. 새로운 지역에 시장을 개척할 때, 대다수의 대리점 사장들은 초기부터 전담 영업사원을 곧바로 배치하지 못한다. 실적이 보장되지 않은 상황에서 인건비를 선뜻 부담하기 어렵기 때문이다. 결국 사장이 직접 영업 일선에 나서게 된다. 하지만 대리점 사장은 영업만을 담당하는 사람이 아니다. 창고 관리, 출고, A/S, 세무, 외부 커뮤니케이션까지 병행해야 하므로, 영업에 집중하기 어려운 구조이고, 이는 곧 시장 개척의 지연으로 이어진다.

이럴 때 필요한 것은 임시 전담 인력의 전략적 투입이다. 본사와 대리점이 협력해 단기 계약 형태의 영업사원을 배치하는 방식이다. 대리점에서 직접 고용할 수도 있지만, 빠르고 유연하게 대응하려면 본사에서 스팟성 단기 계약직 인력을 운영할 수 있어야 한다. 3개월, 혹은 6개월. 짧지만 시장 진입을 좌우하는 핵심 시기인 이 골든타임을 놓치지 않기 위해서는 기민한 인력 운용과 현실적인 비용 분담 모델이 전제되어야 한다.

비용 구조는 유연하게 설계할 수 있다. 예를 들어, 인력 비용을 본사와 대리점이 5:5 또는 8:2로 분담하며, 본사는 데모 장비, 마케팅 콘텐츠, 온·오프라인 홍보 자료, 광고비 등을 추가로 지원한다. 이를 통해 대리점은 부담을 줄이면서도 시장에 보다 집중할 수 있고, 본사는 초기 시장 선점을 통해 브랜드 포지셔닝 효과를 얻을 수 있다. 이 구조는 단순한 비용 분담이 아니라, 공동 리스크 대응 체계이자 협업 기반의 영업 확대 전략이다.

하지만 이러한 전략이 실행되기 위해서는 반드시 본사 대표와 대리점 사장의 명확한 동의가 필요하다. 영업사원이나 마케터가 아무리 좋은 전략을 갖고 있어도, 그것을 실행하기 위해서는 투자 규모, 회수 방식, 리스크 관리 측면에서 철저한 이해와 설득이 선행되어야 한다. 단순히 "좋은 기회입니다."라는 말로는 부족하다. 상대를 안심시키기 위해서는 구조적으로 완성된 설계도를 제시해야 한다.

이때 가장 효과적인 접근 방식은 다음과 같다. 아직 시장에 진입하지 못한 대리점에는 지역의 잠재 수요 데이터를 제시하고, 본사에는 단순한 수요 예측 이상의 데이터, 즉 50%의 선투자를 통한 시장 장악력 확보와 투자 회수 구조의 명확한 설계안을 동시에 제안하는 것이다. 특히 본사가 초기 인력과 마케팅에 대한 비용을 부담하되, 일정 매출이 발생하거나 수익이 발생한 이후에는 계약서에 명시된 조건에 따라 대리점으로부터 일정한 비율로 비용을 회수하는 구조는 매우 설득력 있는 모델이다. 대리점 입장에서는 리스크를 줄이고 시장에 진입할 수 있는 안전장치가 되고, 본사 입장에서는 손실 없이 투자 효과를 누릴 수 있는 현실적 모델이 된다.

계약서에는 투자 회수 시점, 정산 방식, 분배 조건 등을 명확히 기재해야 하며, 모든 조건은 수치화하여 즉각적으로 이해되도록 설계해야 한다.

무엇보다 중요한 것은 속도다. 설득이 더디면 시장의 골든타임을 놓치게 되고, 경쟁사는 그 빈틈을 노린다. 그렇기 때문에 이 전략은 빠르게 전달되고 실행되어야 하며, 복잡한 조건을 단순한 논리로 바꾸어 상대의 심리를 안심시켜야 한다. 결국 시장은 논리로만 움직이지 않는다. 잘 설계된 방안과 정확한 예측치를 통해 설득된 사람들이 움직이는 것이다. 그리고 그 움직임의 첫 걸음을 누가 설계하느냐에 따라 시장 주도권 싸움의 승패가 결정된다.

14.
오너의 흔들리지 않는 철학

지금까지 우리가 다뤄온 영업과 마케팅 전략은 단순한 기술이 아니라 방향성에 근거한 것이다. 그러나 그 방향은 조직을 이끄는 운영자의 철학이 단단히 서 있을 때에만 지속 가능하다. 철학은 말이 아니라 중심이다. 대표나 임원이 "우리는 이 길을 가겠다."라고 말하는 것만으로는 부족하다. 그 철학이 실체를 가지기 위해서는 반드시 시스템적인 뒷받침, 즉 명확한 실행 프레임이 함께해야 한다. 그것이 바로 마일스톤 전략이다.

조직이 5년, 10년을 내다보며 시장을 바라볼 수 있으려면, 그 기간을 단위별로 쪼개고 정리해놓은 중장기 마일스톤*(milestone, 프로젝트나 비즈니스 목적 달성을 위한 이정표)*이 필수다. 이 마일스톤에는 단순한 연도별 계획만이 아니라, 우리가 들어가야 할 시장성과 산업 트렌드의 방향성, 그리고 그에 대응할 수 있는 제품과 솔루션 개발 로드맵이 포함되어야 한다. 내부 개발팀이 현재 보유한 제품과 기술, 앞으로 개발되어야 할 기능들, 추가적으로 확보할 역량에 대한 구체적인 분석이 선행되어야 하며, 이를 기반으로 영업과 마케팅이 어떻게 실행될 것인가를 시간의 흐름에 따라 설계해야 한다.

이 마일스톤은 단기 전략, 중기 전략, 장기 전략으로 나뉘고, 그 안에는 시장 진입 시점, 타깃 고객층, 마케팅 포지셔닝 전략, 유통 구조 설계, 고객 교육 방식, 콘텐츠 배포 방식, 영업 인력 재배치, 그리고 각 단계에서의 투입 예산과 기대 수익까지 포함되어야 한다. 이 구조는 단지 계획이 아니라, 조직 전체가 어디를 보고, 왜 가는지를 확인할 수 있는 증거이며, 회사의 철학을 현실 위에 고정시키는 행동의 기준선이다.

그래서 이 마일스톤은 단지 경영진의 책상 위에만 있어서는 안 된다. 중간 임원과 영업사원, 마케터 모두가 이 구조를 이해하고 자신의 역할을 그 위에 정확히 맞춰야 한다. 이건 단지 대표의 철학을 따르는 일이 아니다. 그 철학을 실현 가능한 구조로 지켜내는 것, 그것이 조직 구성원으로서의 사명이며, 그 구조를 세우고 관리하고 계속해서 이어가야 하는 책임은 임원과 실무진 모두의 몫이다.

대표의 철학은 대표 혼자 외치는 구호가 되어서는 안 된다. 그것은 전략으로, 시스템으로, 실행 계획으로, 그리고 각자의 책임 있는 움직임으로 전환되어야만 실제로 시장을 바꾸는 힘이 된다. 그 철학을 붙들고 가는 조직은 반드시 성과를 낸다. 그리고 흔들리지 않는 철학 위에 세운 전략은 어떤 변화 속에서도 흔들리지 않는 시장의 축이 된다.

Chapter 6
팀과 함께, 대리점과 함께

조직에서 가장 중요한 것은 방향성이다. 아무리 강력한 포탄이라도, 발사 각도가 어긋나면 절대 목표를 타격할 수 없다. 그렇기 때문에 정확한 조준이 필요하다. 그것이 바로 영업조직에서 팀장과 팀원이 단순한 상하 관계가 아닌 정렬된 한 몸이어야 하는 이유다. 조율된 감각과 긴밀한 신뢰, 그리고 서로를 향한 절대적인 믿음이 있어야 비로소 한 방향을 바라보고 정확한 타이밍에 힘을 집중할 수 있다.

팀장은 명령하는 자가 아니라, 함께 싸우는 전략 파트너다. 상황을 읽고, 타이밍을 잡고, 방향을 정한 뒤, 팀원들과 함께 전장을 누비는 사람이다. 반대로 팀원은 팀장과 함께 정한 방향성과 리더십에 힘을 실어주는 존재여야 한다. 왜냐하면 포의 각도가 틀어지면 전선 전체가 어긋나기 때문이다. 서로를 믿고 조준한 한 발은 전장을 바꾼다. 이 장에서는 그 조율의 미학, 그 정렬의 가치에 대해 이야기하려 한다.

'팀장과 함께'라는 말은 단순한 물리적 동행이 아니다. 그것은 방향을 같이 보고, 마음을 함께 세우며, 결국 한 발의 탄환처럼 명확한 의도로 움직이는 조직의 정렬된 힘에 대한 이야기다.

우리는 흔히 대리점 사장을 비즈니스 파트너라고 말하지만, 그 말은 너무 건조하고 현실과도 다르다. 대리점은 단순한 거래 상대가 아니다. 그들은 우리가 닿지 못하는 현장, 최종 고객의 얼굴과 목소리가 있는 그 끝단에서, 우리를 대신해 울고, 뛰고, 막아내고, 설득하는 사람들이다. 그들은 우리의 손과 발이며, 우리가 함께 가야 할 공동 운명체다.

그렇기 때문에 우리는 대리점 사장의 수익 문제에 민감해야 한다. 대리점의 재고 상태, 품질 관리, 서비스의 모든 불량과 트러블은 단순한 클레임이 아니라 현장 고객의 아픔이고, 그 아픔이 고스란히 대리점의 몫으로 돌아온다는 사실에 우리는 공감해야 한다. 그래서 그 아픔을 마치 내 일처럼, 내 가족의 일처럼 받아들일 수 있어야 한다. 현장에 답이 있다는 말은 단순한 구호가 아니다. 불만은 불평이 아니라 현장의 언어이며, 시장이 우리에게 말을 걸어오는 방식이다. 우리는 그것을 왜곡하지 않고, 정직하게 받아들여야 한다. 그래야만 대리점 사장과 함께 브레인스토밍이 가능하다.

시장은 반복된다. 실수도, 성공도 흔적을 남기고 되돌아온다. 우리는 과거를 추적해야 한다. 대리점과 함께 시장의 흐름을 읽고, 다가오는 징후를 감지하고, 미래를 함께 그려야 한다.

01.
매출 목표

　영업을 진행할 때 가장 중요한 것은 팀장과 팀원이 공통된 목표를 가지고 일심동체가 되어 움직이는 것이다. 그 목표는 애매한 방향성이 아니라, 명확한 숫자여야 한다. 특히 영업사원에게 목표란 다름 아닌 매출 수치다. 이번 주에 달성해야 할 주간 매출, 이번 달의 마감 수치, 분기별 전략과 반기별 누적 달성률, 그리고 연간 목표까지. 이 전체 흐름을 팀원과 팀장이 정확히 공유하고 있어야만, 전략도 정렬되고 실행도 이어진다.

　중요한 것은 전략이 한번 정해졌다고 해서 그대로 진행되는 것이 아니라는 점이다. 상반기에 설정한 전략이 실효성이 떨어졌다면, 하반기에는 리커버리 전략을 세워야 한다. 수립된 연간 목표는 1월부터 차근차근 쌓아올려야만 정상적으로 마감할 수 있다. 이 흐름 속에서 팀장과 팀원은 단순한 업무 단위가 아니라, 수치를 공유하고 긴장을 나누는 협업 파트너가 되어야 한다.

　그러기 위해서 영업사원은 자신이 맡고 있는 지역에 할당된 매출 수치를 절대적으로 기억하고 있어야 한다. 단지 외우는 수준이 아니다. 마치 옆구리를 툭 찔렀을 때, 반사적으로 튀어나올 만큼 수치가 몸에 각인되어 있어야 한다. 이번 주에는 몇 건이 부족한지, 이번 달 얼마나 리커버리가 필요한지, 플러스된 수치와 마이너스된 구간이 어디서 발생했는지, 이 모든 것을 날마다, 주마다, 분기마다 확인하고 대응하는 정밀한 감각이 영업사원에게는 필요하다.

이 숫자에 대한 집중력이 약해지면, 팀 전체가 방향을 잃게 된다. 왜냐하면 팀장은 그 수치를 기준으로 전략을 조정하고, 자원을 재배치하며, 성과를 관리하기 때문이다. 그리고 그 전략의 핵심은 결국, 각각의 영업사원이 자신에게 배당된 수치를 지켜내는 것에서 시작된다.

매출 목표는 상위 조직에서 할당한 수치가 아니라 자신이 지켜야 할 약속이자 스스로에게 부여한 책임감이다. 그 약속이 선명하게 기억될 때, 팀장과 팀원은 함께 진짜 목표를 향해 나아갈 수 있다.

02.
업무보고

　업무보고의 핵심은 방식보다도 깊이다. 즉 팀장과 팀원 간의 의사소통이 얼마나 긴밀하고, 구체적이며, 밀접하게 이루어지고 있는가가 업무보고의 진짜 본질이다. 보고의 형식은 다양하다. 전화, 대면보고, 이메일, 카카오톡, 문자, 모두 가능하다. 중요한 것은 '어떤 방식으로 하느냐'가 아니라 '어떻게 공유되고, 어떤 리듬으로 반복되느냐'다.

　보고의 주기 역시 다양하다. 일일보고, 주간보고, 월보고, 분기보고, 반기보고, 그리고 연간 마감보고까지 조직의 특성과 팀장 스타일에 따라 리듬이 다르다. 특히 일일보고는 팀장의 성향에 크게 영향을 받는다. 어떤 팀장은 아침형이다. 하루가 시작되기 전, "오늘은 무슨 일 할 거야?", "어떤 프로젝트 중심으로 움직여야 하지?"라고 먼저 전체 흐름을 잡는다. 그리고 그 방향에 맞춰 팀장 스스로도 움직인다. 반대로 오후형 팀장은 저녁 무렵, 대개 오후 5시쯤 팀원들에게 묻는다. "오늘 뭐 했어?", "성과는 어땠어?" 그 피드백을 바탕으로 다음 날의 디렉션을 조율한다. 보고의 리듬이 다를 뿐이지, 둘 다 본질은 같다. 실제 업무의 흐름을 함께 읽고, 방향을 교정하는 것.

주간보고도 마찬가지다. 어떤 조직은 월요일이나 화요일 오전에 보고를 시작한다. 이 방식은 주 초반에 필요한 전략과 활동을 설계하고, 그 주에 실행해야 할 핵심 미션을 명확히 전달한다. 반대로 금요일 오후 5시쯤 보고를 하는 팀은 일주일의 결과를 정리하고, 수치와 흐름을 분석해 다음 주에 보완해야 할 방향을 잡는다. 어느 쪽이 옳고 그른 게 아니다. 팀의 성격, 시장의 리듬, 그리고 리더의 방식에 따라 다를 뿐이다. 중요한 것은 그 흐름 안에서 '현실'을 정확히 보고하는 것이다.

월간보고도 같은 맥락이다. 어떤 팀은 1일, 2일, 3일, 월 초부터 스타트를 강하게 끊는다. 이 방식은 월 전체의 긴장감을 초반부터 유지시킨다. 반대로 어떤 팀은 24일, 25일 즈음, 실적 마감 결과를 중심으로 월말에 보고를 한다. 이 방식은 결과를 바탕으로 하는 정리형 리더십에 가깝다. 이후 분기보고, 반기보고, 연 마감 보고도 같은 구조다. 리듬은 다르지만, 공통된 핵심은 하나다. 정확하게, 과장 없이, 있는 그대로 현실을 보고해야 한다는 것.

이 지점에서 많은 실무자들이 실수한다. "이 정도는 되겠지!" "조금 부풀려도 괜찮겠지." 하면서 수치를 과장하거나, 문제를 감추는 순간, 팀장은 정확하지 못한 정보를 근거로 잘못된 전략을 짠다. 그리고 그 전략은 현장에 혼선을 주고, 조직 전체의 목표 달성률을 떨어뜨린다.

보고는 단지 수치를 적어 올리는 일이 아니다. 그것은 조직이 앞으로 나아갈 방향을 함께 설계하기 위한 공동 설계의 순간이다. 그래서 보고는 반드시 정확해야 하고, 현실적이어야 하며, 신뢰할 수 있어야 한다.

03
개인의 이익 vs 팀 이익

영업 현장에서 팀장과 팀원이 함께 움직이다 보면 외근도 많고 출장이 잦다. 그러다 보면 근무 외 시간에 일을 하게 되는 경우도 자연스럽게 발생한다. 이럴 때 팀원들은 가끔 스스로에게 유예를 준다.

"오늘 하루가 다 지나갔으니, 보고는 내일 아침에 하지 뭐."

하지만 이 작은 미룸이 의사소통의 단절을 만들고, 조직의 흐름을 느리게 만든다. 팀장은 단 한 명만을 바라보고 움직이지 않는다. 여러 사람, 여러 일정, 여러 타이밍을 조율해야 하기 때문에 어떤 한 사람의 보고가 전체 방향에 영향을 줄 수 있다.

그래서 업무보고는 '나중에'가 아니라 '지금'이어야 한다. 물론 모든 것을 완벽히 정리해서 보고하라는 말은 아니다. 출장 중이거나 외근 중이라면 1분, 혹은 5분짜리 짧은 전화 한 통이면 된다. 전화가 어렵다면 카카오톡이나 이메일, 문자도 충분하다. 중요한 것은 지금 현장에서 일어나고 있는 일을 팀장에게 실시간으로 정확하게 전달하는 것이다.

그리고 이 실시간 보고가 팀장에게 도착했을 때, 팀장은 반드시 피드백을 줘야 한다. 왜냐하면 보고는 일방향이 아니라 쌍방향으로 피드백이 되었을 때 비로소 커뮤니케이션이 완성되기 때문이다.

보고를 한 팀원 입장에서는, 자기의 소중한 저녁 시간, 가족과 함께할 수 있었던 여유를 내어 조직을 위해 에너지를 사용한 것이다. 그런데 아무런 반응도 없다면, 그것은 돌아오지 않는 메아리에 불과하다. 팀장이 "잘했어, 고마워."라는 한 마디만 건네도 그날의 피로는 성취로 바뀐다.

"정리 깔끔하게 잘했네. 내 생각은 이 곳을 좀 보완했으면 하는데, 내일 만나서 얘기하지. 편히 쉬고!"

이런 짧은 반응 하나가 팀원에게 방향을 확인시키고, 동기를 강화하는 에너지가 된다.

결국 이 챕터에서 다루는 핵심은 이것이다. 개인의 시간도 중요하고, 팀의 목표도 중요하다. 하지만 팀원은 자신의 에너지를 조직의 성과를 위해 희생할 수 있어야 하고, 팀장은 그 희생에 반드시 응답할 줄 알아야 한다. 팀을 선택한다는 것은 자신의 에너지를 잠시 할애해 큰 흐름에 기여하는 것이다. 그리고 팀장의 리더십이란 그 기여를 절대 가볍게 여기지 않는 것이다.

"누군가의 밤을 조직을 위해 내어놓았을 때,
그 침묵 위에 리더의 응답이 없었다면, 다음 선택은 팀이 아닐 수도 있다."

04.
마감은 서로의 약속이다

필자는 팀원 면접을 볼 때 항상 같은 질문으로 시작한다.

"마감이라는 단어를 어떻게 정의합니까?"

돌아오는 대답은 제각각이다. 수치의 마무리라거나, 보고의 완결이라는 표현이 많다. 그러나 내가 말하는 마감은 그보다 훨씬 단순하고, 훨씬 깊다. 마감은 약속이다. 그것도 반드시 지켜야만 하는 약속이다.

어릴 적 우리는 약속의 무게를 배웠다. 손가락을 걸고, 말 한마디에 진심을 담아 지키겠다고 했던 그 시절의 약속처럼, 영업사원이 팀장과 함께 정한 마감 수치는 노력의 목표치가 아니라 실현해야 할 책임의 크기다.

그 수치는 결코 "될 대로 되라."는 식으로 접근해서는 달성되지 않는다. "최선을 다했으니까 괜찮겠지.", "이 정도면 나쁘지 않잖아."라는 생각으로는 조직은 성장하지 못하고, 생존조차 위태로워진다.

왜냐하면 그 약속의 총합이 바로 기업의 생존과 연결되어 있기 때문이다. 각 영업사원이 맡은 마감 수치는 단순한 개인의 성과가 아니다. 그것은 전체 팀의 수익이 되고, 회사의 이익을 만들며, 결국 기업을 운영하고 성장시키는 동력이 된다. 만약 이 약속이 하나라도 지켜지지 않는다면, 팀의 목표는 흔들리고, 회사의 재정에는 균열이 생기며, 궁극적으로는 구조조정과 같은 현실적인 위기로 이어진다. 즉 회사에서 나의 자리를 지키기 위해서는 내가 회사와 한 약속을 지켜야만 하는 것이다.

하지만 사람이기에 모든 계획이 뜻대로 되지는 않는다. 그럴 때 필요한 것이 바로 팀장과의 신뢰 있는 피드백이다. 예정된 수치를 맞추기 어렵다면 그 사실을 최대한 빨리 팀장에게 알려야 한다. 그러면 팀장은 다른 팀원의 업사이드*(추가 달성 가능)* 여력을 조율해 리커버리*(만회 방안)*를 계획할 수 있다. 이런 구조야말로 진짜 팀이 작동하는 방식이다.

"나는 안 됐지만, 우리 팀은 반드시 해낸다."는 믿음. 그리고 그 믿음 위에서 각자의 약속이 완성되는 것이다.

마감은 단지 보고의 마무리가 아니다. 그것은 함께하기로 한 사람들끼리, 함께 지켜야 할 약속에 대한 진심의 증명이다. 그 약속이 지켜지는 조직은 무너지지 않는다. 그 약속을 외면한 순간, 조직은 바닥부터 흔들리기 시작한다.

"마감은 수치의 종착점이 아니라, 신뢰의 출발점이다."

05.
팀과 함께 가라

　영업사원은 언제나 현장에서 싸운다. 고객과 마주하며 예상치 못한 변수와 마찰, 지연, 오해, 요구 조건의 변화 같은 수많은 문제를 매일같이 맞닥뜨린다. 일이 잘 풀리면 좋겠지만, 현실은 그 반대인 경우가 훨씬 더 많다. 책임감 있는 영업사원일수록, 누구보다 진지하게 혼자 고민하고, 어떻게든 스스로 해결해 보려는 경향이 강하다. 하지만 조직은 이 노력을 높이 평가하지 않는다. 문제는 책임감의 크기가 아니라 조직에게 필요한 타이밍을 놓치느냐 마느냐에 달려 있기 때문이다.

　물론 현장에서 즉시 판단하고, 직접 해결할 수 있는 상황이라면 빠르게 움직이는 게 맞다. 하지만 문제가 복잡해지기 시작하거나, 고객의 감정이 흔들리는 조짐이 보일 때까지 혼자 끌고 가는 건 위험하다. 고객이 마음을 접고 돌아서는 순간, 이미 프로젝트는 손에서 빠져나간 것이다. 그 시점을 '보고의 타이밍'으로 삼는다면 그건 보고가 아니라 사후통보다.

　그래서 영업사원이 반드시 기억해야 할 원칙이 있다. 고객의 마음이 떠나기 전에 팀장의 머리를 먼저 두드려라. 문제가 발생했을 때, 혼자 끌어안고 지연되기보다는 가능한 빠른 시점에 팀장에게 보고해야 한다. 보고를 통해 팀원들과 함께 원인을 분석하고, 우리가 할 수 있는 영역과 할 수 없는 영역을 정확히 나눈 뒤, 지금 대응해야 할 부분과 이후 전략을 병렬로 설계하는 것, 이것이 팀 영업의 본질이다.

특히 이런 상황에서는 골든타임이 존재한다. 그 시간 안에 움직이면 고객은 기다려 주고, 상황은 반전의 여지가 생긴다. 하지만 그 타이밍을 놓치면 고객의 관심은 멀어지고, 영업은 손쓸 수 없는 뒷북이 된다.

현장에서 문제가 발생했을 때 영업사원은 세 가지 질문을 던져야 한다.

첫째, 지금 이 문제는 내가 단독으로 처리할 수 있는가?

둘째, 고객의 기대치가 이미 흔들리고 있는가?

셋째, 만약 이대로 진행된다면 프로젝트가 위험해질 가능성이 있는가?

이 중 하나라도 "예!"라는 판단이 든다면, 그건 혼자 끌고 갈 문제가 아니다. 즉시 팀장에게 보고하고, 팀원들과 함께 브레인스토밍을 통해 지금 대응할 수 있는 액션, 향후 계획에 따른 일정 조율, 고객의 감정을 붙잡기 위한 말과 행동을 모두 정리해야 한다.

영업은 혼자만 잘해서는 안 된다. 고객을 설득하기 위해서는, 그 설득을 뒷받침할 팀의 지혜와 속도가 필요하다.

"혼자 끌어안는 성실함보다, 함께 풀어가는 민첩함이 프로젝트를 살린다."

06.
40%의 비축치가 있다면

영업사원이 마감을 앞두고 부담을 느끼지 않는다고 말한다면 그것은 진실이 아닐 가능성이 크다. 마감이라는 시간은 언제나 긴장과 압박을 동반한다. 이 긴장감은 나약함의 문제가 아니라, 오히려 책임감 있는 사람일수록 더 크게 느끼는 감정이다. 중요한 것은 이 불안을 회피하거나 억누르는 것이 아니라, 숫자와 구조를 통해 관리 가능한 에너지로 바꾸는 일이다. 그 시작은 항상 수치에서 출발한다.

현장에서는 종종 감에 의존하거나 대략적으로 수치를 예측하는 경우가 있다. 그러나 마감 수치는 절대 추측으로 다뤄서는 안 된다. 영업사원이 마감 수치를 명확히 인지하고, 이를 기반으로 행동하기 위해서는 반드시 정량적인 데이터를 바탕으로 접근해야 한다. 이때 필요한 것이 바로 매출 예측 *(Sales Forecast)* 이다.

매출 예측은 단순히 책상에서 만들어지지 않는다. 최종 고객의 구매 의향, 대리점 사장의 오더 상황, 마케터와 영업사원의 현장 피드백이 수집되고 조합되어 하나의 예측 수치가 완성된다. 이 수치는 최종적으로 팀장에게 전달되어 마감 수치로 굳어진다. 이 수치가 얼마나 정확하느냐에 따라, 마감 직전의 긴장도는 완전히 달라진다.

　여기서 영업사원이 반드시 기억해야 할 기술적인 전략이 있다. 바로 마감 수치를 준비할 때는 기준치보다 40%를 더 예비해 두는 것이다. 현장은 언제나 변수투성이어서, 아무리 철저히 준비해도 실제로는 80% 정도만 실행되는 경우가 많다. 그렇기 때문에 목표를 100으로 잡았다면, 실제로는 140까지 준비해 두는 것이 안정적인 마감 대응의 기본이 된다.

　이렇게 확보한 40%의 추가 준비분 중 20%는 반드시 예비용으로 남겨 둬야 한다. 이 여유는 단순한 버퍼가 아니라, 팀이 흔들릴 때 다시 균형을 잡아주는 전략적 스페어다. 동료 영업사원이 마감을 놓쳤을 때, 그 20%를 가지고 나설 수 있는 사람이야말로 팀 안에서의 진정한 신뢰 자원이다. 그리고 이 전략은 마감 시 긴장된 멘탈을 안정시키는 데도 절대적으로 작용한다.

　결국 영업사원의 멘탈은 감정이 아니라 숫자 위에서 단단해진다. 준비한 수치에 대한 확신, 그리고 남겨둔 20%의 여유. 이 두 가지가 있을 때, **마감은 더 이상 공포가 아니다. 오히려 스스로 실력을 증명할 수 있는 기회의 순간이 된다.**

07.
대리점에 동기 부여하라

요즘 유튜브 영상을 보거나 블로그 글을 읽다 보면, 대리점 마진을 줄이는 것도 하나의 전략이라며 그걸 천기누설인 양 떠드는 이들이 있다. 하지만 단호히 말한다. 그건 전략이 아니라 착각이고, 장기적으로 보면 자멸의 씨앗이다.

대리점 마진을 줄이면 당연히 대리점 사장에게 피해가 돌아간다. 이처럼 재미없는 구조에서는 흥이 날 수 없다. 흥이 나지 않으면 영업 의욕이 줄어든다. 대리점 내부의 마케터, 영업사원들조차 열정 없이 움직이다가 하나 둘씩 빠져나간다. 영업이 중단되고, 제품 판매 활동도 멈춘다. 그렇게 실적이 떨어지고, 대리점 계약은 해지된다. 그러면 본사는 다시 새로운 대리점을 찾아야 한다. 그러다가 마진을 또 줄이면 똑같은 악순환이 반복된다.

이 고리를 끊는 방법은 한 가지밖에 없다. 대리점을 살리는 방향을 지향해야 한다. 대리점이 흥미를 느낄 만큼 충분한 마진을 보장해 주어야 한다. 그래야 대리점 사장이 움직이고, 현장에서 뛰는 사람들도 흥이 나고, 제품을 소개하는 일에 에너지가 넘쳐나게 된다. 그렇게 한 번 불붙은 열정은 활동

영역을 확장시킨다. 영업 활동이 늘고, 고객이 늘고, 제품이 팔리며, 매출이 상승한다. 이것이 선순환의 시작이다.

이 관계는 '누가 얼마를 더 가져가느냐'의 문제가 아니다. '누가 더 즐겁게 시장을 흔들 수 있느냐'의 문제다. 그러기 위해 우리는 마진을 조정하는 것이 아니라 모티베이션을 설계해야 한다. 동기 부여에 성공한 쪽이 결국 시장의 흐름을 이끈다.

"일은 돈 때문에 시작하지만, 돈보다 재미 때문에 지속한다.
마진은 수익이 아니라 열정의 불씨다."

08.
바이어의 아픔에 공감하라

대리점의 창고에 쌓여 있는 우리 제품 박스를 보라. 그곳에 쌓여 있는 것은 단지 제품이 아니라 기대감과 믿음, 점점 무거워지는 부담감이다.

매달 마감을 맞추기 위해, 영업사원의 부탁을 들어주는 마음으로 무리하게 사입한 재고. 그것이 팔리지 않으면, 재고는 수익이 아니라 짐이 된다. 더 큰 문제는 시간이 흘러 보증기간이 지나게 되었을 때다. 팔리지도 않았는데 워런티는 끝나가고, 제품은 여전히 창고 안에서 침묵한다. 그 상처를 모른 척하고 "안 됩니다."라는 말만 내놓는다면 영업사원은 다시는 대리점 사장의 신뢰를 얻을 수 없을 것이다.

하지만 더 깊은 아픔은 그다음에 온다. 어렵게 제품을 시장에 내보냈는데, 품질 이슈가 터질 때다. 그 순간 대리점 사장은 피눈물을 흘린다. 자신의 고객을 잃고, 자신의 시장을 잃고, 자신의 신뢰와 자존심까지 잃게 되는 순간이다. 이때 영업사원은 반드시 함께 아파해야 한다. '내가 이 일의 한가운데 있다.'는 책임감으로.

그리고 그다음을 준비해야 한다. 대리점 사장이 할 수 없는 일, 즉 문제를 정확히 진단하고, 근본 원인을 파악하고, 개선 방향을 제시하는 일. 그것은 영업사원의 몫이다. 그래야만 다시 새로운 제품, 새로운 기능, 새로운 에너지로 시장에 설 수 있게 된다. 그렇게 우리는 대리점 사장이 다시 힘을 낼 수 있도록, '다시 팔 수 있는 용기'를 선물해야 한다.

이 모든 활동의 바닥에는 단 하나, 단단한 에너지가 필요하다. 바이어의 아픔을 공감하는 마음. 그 마음이 없다면 어떤 전략도, 어떤 제품도 오래 가지 못한다. 하지만 그 마음 하나만 있다면, 무너진 시장에서도 다시 길이 열린다.

"우리는 바이어의 손을 잡아주는 사람이 아니라 눈물을 닦아주는 사람이다.

그 지점에서 진짜 영업이 시작된다."

09.
현장에 답이 있다

신제품이 출시되어 시장에 나가고, 기대를 품고 박스들이 창고를 떠나 현장으로 흘러갔을 때, 가장 먼저 마주치는 것은 기대와 불안이 섞인 첫 반응이다. 때로는 품질 이슈가, 때로는 서비스 불만이, 또는 사소해 보이는 사용상의 불편이 엔드 유저의 입에서 흘러나온다. 그 소리들은 종이 위의 리포트로 담기지 않는다. 숫자로, 기한으로, 표로 다룰 수 없다.

이럴 때 어떤 영업사원은 이렇게 말한다.

"VOC *(Voice of Customer)* 리포트 작성해 주세요. 모레까지 정리해서 주세요."

하지만 그건 영업이 아니다. 진짜 영업사원은 그렇게 하지 않는다. 진짜 영업사원은 먼저 대리점을 찾아간다. 그리고 말한다.

"무슨 일이 있었습니까?"

그 질문 하나로 마음의 문이 열린다. 그리고 불만의 소리를 있는 그대로 다 듣는다. 그 불만은 짧지 않다. 아침 아홉 시에 시작해서 점심을 지나, 해가 지고 불이 꺼지고 때로는 밤 아홉 시까지도 계속된다. 하지만 끝까지 들어야 한다. 불만의 소리가 다할 때까지.

그건 단순히 문제를 듣는 것이 아니라, 상처를 치유하는 과정이기 때문이다. 불만의 근원은 언제나 감정이다. '내 말을 들어주는 사람이 없다.'는 외로움, '존중받지 못했다.'는 반감, '다시 이 제품을 쓸 수 있을까?' 하는 불신. 이 모든 감정을 다 받아들였을 때, 그때부터 진짜 영업이 시작된다.

이제 우리는 문제 해결을 위해 대책을 마련해야 한다. 그 내용을 들고 다시 대리점 사장과 손을 맞잡고 함께 엔드 유저를 찾아간다. 불만이 터졌던 바로 그 현장으로 돌아가는 것이다. 그곳에서 함께 현장을 보고, 소리를 듣고, 제품을 만져본다. 그리고 말한다.

"이 문제는 이런 경로로 발생했습니다. 우리는 이것을 이렇게 개선하겠습니다. 향후에는 이런 조치를 통해 방지하겠습니다."

이 진심 어린 응답이 대리점 사장에게는 다시 싸울 수 있는 용기를 준다. 엔드 유저에게는 불만의 이면에 있던 기대를 다시 회복시켜 준다. 그리고 영업사원 자신에게는 시장과 사람에 대한 진짜 신뢰를 새겨준다.

이 모든 과정의 시작점은 단 하나다. 경청. 그 사람의 말이 끝날 때까지, 불만의 감정이 다 흘러나올 때까지 듣는 것이다. 그게 진짜 영업이고, 그것이 곧 회복이다.

"불만은 문제의 신호가 아니라 해결할 수 있는 기회를 주는 목소리다.
우리가 귀를 기울이면, 시장은 다시 우리를 받아준다."

10.
과거를 배우면 미래가 보인다

대리점 사장의 피눈물을 닦아주는 것은 영업사원의 가장 기본적인 책무다. 하지만 그것만으로는 부족하다. 아픔을 함께하는 진심 위에 반드시 더해져야 하는 것이 있다. 그것은 바로 통찰력이다. 문제를 인지하고, 구조를 파악하고, 앞으로의 길을 함께 설계할 수 있는 냉철한 시선과 전략적 사고다. 그것이 진짜 영업사원의 본모습이다.

인류의 역사는 늘 반복되어 왔다. 전쟁이 그렇고, 경제 위기가 그렇고, 혁신 또한 반복의 곡선을 따라왔다. 그리고 언제나 그 순간을 견디고 넘어선 영웅들이 있었다. 영업의 세계도 다르지 않다. 시장은 호황과 불황, 정책 변화와 소비자의 심리적 움직임 속에서 끊임없이 출렁인다. 이 반복되는 흐름과 파동의 패턴 속에서 기회를 미리 알아차리는 사람이 결국 모든 것을 준비할 수 있다.

하지만 대리점 사장들은 눈앞의 매출과 재고, 당장의 수금에 집중할 수밖에 없다. 이 흐름을 입체적으로 볼 수 있는 사람은 영업사원이다. 영업사원은 시장을 종합적으로 들여다봐야 한다. 최소한 5년, 가능하다면 10년이라는 시간을 거슬러 올라가야 한다. 시장별, 아이템별, 연도별, 분기별로 반복되는 흐름을 트래킹해야 한다. 글로벌 매크로 이슈가 국내의 경기 흐름에 어떤 파장을 일으켰는지, 정부 정책은 어떻게 변화해 왔고, 소비자의 지갑은 언제 열리고 언제 닫혔는지, 그 모든 데이터를 하나하나 엮어내야 한다.

그 분석 위에서 우리는 도약의 시기를 준비해야 한다. 침체기가 한창일 때는 마케팅과 조직, 상품력, 브랜딩, 그리고 대리점과의 관계를 탄탄히 다져야 한다. 반대로 매출을 폭발적으로 끌어올릴 수 있는 타이밍이 올 때는 이미 준비된 전략과 실행력을 즉각적으로 가동할 수 있어야 한다. 준비 없이 닥친 기회는 아무 의미가 없다.

진짜 영업사원은 준비의 시간을 위해 과거를 공부한다. 과거를 들여다보는 이유는 단순한 기록을 위함이 아니다. 반복을 예측하기 위함이고, 준비를 가능케 하기 위함이다. 과거를 이해하지 못한 자는 미래를 논할 자격이 없다. 오늘의 숫자만 쫓는 영업이 아닌, 내일의 시장을 설계하는 영업을 하려면 반드시 과거를 통찰해야 한다. 이것이 대리점과 함께 진짜 미래를 만들어가는 방식이다.

"기억하는 자는 두려워하지 않는다.
과거를 정리할 줄 아는 자만이, 시장이 다시 흔들릴 때 흔들리지 않는다."

11.
보이지 않는 경쟁 시스템을 구축하라

진짜 영업사원은 숫자를 채우기 전에 사람의 마음을 움직이는 방법을 고민한다. 그중에서도 가장 강력한 동력은 경쟁심이다. 하지만 이 경쟁은 외적으로 드러나지 않아야 한다. 드러난 경쟁은 피로감을 만들지만, 보이지 않는 경쟁은 의지를 자극한다.

"내가 저 대리점보다 못할 이유가 없는데…. 도대체 왜 이번 달 실적이 적었을까?"

그런 생각이 마음속에 피어나는 순간, 스스로 원인을 분석하고 전략을 찾게 된다. 그는 고민한다. 우리 내부 조직 운영에 문제가 있었나? 시장 대응의 마케팅 전술에 구멍이 있었나? 이 모든 질문은 더 나아지기 위한 생각의 시작점이 된다. 그것이 바로 영업사원이 만들어야 할 경쟁 시스템의 핵심이다.

그래서 우리는 1등, 2등, 3등까지의 포상만을 만들어 둔다. 4등은 반드시 3등을 넘고 싶어질 것이다. 3등은 2등을, 2등은 1등을 넘기 위해 자신 안의 내재된 동기를 끌어올릴 것이다. 이처럼 대리점과 대리점 사이에 눈에 보이지 않는 경쟁 구조가 형성되면, 시장 전체가 살아 움직이기 시작한다.

이 구조를 실현시키기 위해서는 공동 세리머니의 장이 필요하다. 함께 모이고, 서로의 결과를 공유하며, 선의의 긴장감을 교환하는 그 공간 안에서 경쟁은 더 정제되고, 더 힘을 얻게 된다. 또한 미션을 부여하고 달성 시 특별한 보상을 제공하는 방식은 매우 효과적이다.

예를 들어, 고객이 9명을 유치했을 때 "10명을 채우면 장비 한 대를 무상으로 제공하겠습니다"라고 공지하면, 그 마지막 한 명을 채우기 위해 그는 선배에게, 후배에게, 지인들에게 연락하며, 할 수 있는 모든 채널을 동원할 것이다. 만약 8명밖에 채우지 못했을 땐 어떻게 될까? 그들은 공동구매 구조를 스스로 만들고, 할인 전략까지 동원해 가며 남은 인원을 채우려 애쓴다. 영업사원이 요구하지 않아도 사람들이 스스로 미션을 완성하기 위해 움직이게 된다. 이것이 바로 보이지 않는 경쟁의 힘이다. 그리고 이 구조를 지혜롭고 스마트하게 설계해내는 것이 영업사원이 시장 전체를 설계하는 방식이다. 사람이 스스로 움직이게 할 때, 시장은 살아 숨쉬게 된다. 그리고 그 생명감은 다시 실적으로, 그리고 신뢰로 되돌아온다.

"진짜 경쟁은 말로 부추기지 않는다.
구조가 감정을 자극할 때, 사람은 진심으로 움직인다."

Chapter 7
상식을 뒤집는 신의 한 수

영업에는 정해진 길이 없다. 아니, 대부분의 길은 남들이 가지 않는 곳에 숨겨져 있다. "이건 안 팔릴 거야."라는 말이 터무니없는 이유는 팔리지 않는 게 아니라 팔아야 할 이유를 아직 찾지 못했기 때문이다.

누군가는 사막에선 비옷이 팔리지 않는다고 한다. 누군가는 알래스카에서는 얼음이 넘쳐나니 얼음을 팔 수 없다고 말한다. 그러나 진짜 영업인은 바로 그 불모지에서 꽃을 피우는 사람이다.

이 장에서는 불가능한 시장, 무모한 시도, 말도 안 되는 타깃이라 불리는 영역에서 어떻게 '신의 한 수'를 둘 수 있는지를 이야기할 것이다. 핵심은 상식의 전복, 가치의 재정의 그리고 '거래가 아닌 감동'을 만드는 심리적 포지셔닝의 힘에 있다.

한 수, 단 한 수로 흐름을 뒤집는 법. 그것이 바로 이 장의 이야기다.

01.
사하라 사막에서 비옷을 팔아라

사막의 태양은 맹렬하다. 그 아래에 선다는 것은 하루 종일 타는 듯한 열기와 싸우는 일이다. 사하라, 그곳은 마른 바람이 모든 것을 집어삼키고, 물 한 방울조차 신화처럼 느껴지는 공간이다. 그럼에도 누군가는 이 땅에서 비옷을 팔 생각을 한다. 무모한 생각일까? 어쩌면 그럴 수도 있다. 하지만 진짜 영업인은 '말도 안 되는 것'에서 '말이 되게 하는 이유'를 찾는다. 그것이 바로 신의 한 수다.

사하라에서 비옷은 더 이상 물을 막는 도구가 아니다. 그것은 태양으로부터 피부를 보호하고, 모래바람 속에서도 시야를 가리지 않게 만드는 실용적인 방패다. 방수에 앞서 방진효과가 필요하고, 단열은 곧 생존이다. 한 겹의 얇은 막이 열기를 반사하며 생존 가능성을 만들어 낸다. 그것은 곧 환경을 바꾸는 장비이자, 생명을 위한 보호 수단이다.

비옷의 기능은 자외선을 막는 데서도 절정에 이른다. 강한 햇빛이 천을 뚫을 것처럼 내려쬐는 가운데에서도 UV 차단 기능을 갖춘 비옷은 그 얇은 천 속에 단단한 방어막을 숨기고 있다. 때로는 나뭇가지 하나만으로 타프를

사하라 사막

만들 수 있고, 그늘은 곧 쉼터가 되며, 바람 아래 작은 공간은 심리적 안식처가 된다. 단 한 장의 천이 쉘터가 되고, 쉘터는 사람을 살린다.

    가이드북은 말해주지 않는다. 해가 지기 직전 모래 언덕은 예상보다 훨씬 춥다. 밤이 되면 사막은 잔혹한 침묵과 냉기로 뒤덮인다. 그때 비옷은 단순한 옷이 아니다. 얇고 가볍지만 그 무엇보다 든든한, 몸을 감싸는 생존의 갑옷이 된다. 누군가는 묻는다. "비도 안 오는데 왜 비옷이냐?"고. 그러나 그 질문은 모래바람 앞에서는 무력하다. 생존 앞에서 모든 질문은 의미가 없다.

    비옷은 실용을 넘어서 감성의 상징이 된다. 여행이 끝나고 돌아온 사람들은 사하라에서의 순간을 이야기하며, 그 모래 위에서 펄럭이던 비옷을 기억한다. 땀에 젖고 바람에 흔들리던 천 한 장은 생존이 아닌 서사다. 그 서사는 기억이 되고, 기억은 자부심이 된다.

"나는 사하라에서 이걸 입었다. 그 덕에 모래바람과 사막의 혹독한 더위와 추위에서 살아남았다."

그렇게 비옷은 단순한 옷이 아니라 존재의 증명, 경험의 물증이 된다.

이 비옷은 현지인들에게도 새로운 가능성이 된다. 양치기 소년은 드넓은 들판을 가로질러야 하고, 낙타몰이는 거대한 태양 아래를 걷는다. 전통 의복만으로는 막기 어려운 모래폭풍 속에서, 방풍 기능을 갖춘 비옷은 실용과 생존을 동시에 제시하는 도구가 된다. 종교와 관습을 존중하면서도 실용을 제안할 수 있다면, 그것은 새로운 문화가 된다. 문명은 억압이 아닌 보완일 때 비로소 환영받는다.

사하라 한복판에서 길을 잃었을 때, 비옷은 생명을 품는 마지막 도구가 된다. 움푹한 땅을 파고 그 위에 비옷을 펼치면, 밤의 기온은 급격히 내려가고 공기 중의 수분은 천 위에 이슬로 맺힌다. 그 이슬은 경사를 따라 흘러내려 작은 컵에 담기고, 그 몇 방울의 물은 단순한 수분이 아니라 생존의 가능성을 여는 기적이다. 그것은 끈질긴 생의 의지이며, 인간이 환경 앞에서 발휘하는 마지막 기술이자 기도다.

뜨거운 낮에는 이렇게 한다. 태양열을 이용한 Solar Water Still. 지푸라기와 젖은 천을 비닐처럼 펼쳐진 비옷 아래에 깔고, 강렬한 햇살을 이용해 수분을 증발시킨다. 증기는 천 위에 맺히고, 기울어진 각도를 따라 작은 컵으로 모인다. 이 단순하지만 정교한 장치의 중심에도 비옷이 있다. 인간의 몸을 덮던 그 옷이 이제는 물을 만드는 도구가 되어 생명을 구한다. 비옷은 더 이상 방수용이 아니다. 그것은 빛을 받아 생명을 뽑아내는 한 장의 과학이며, 생존을 짓는 건축물이다.

  무에서 유를 만든다. 없던 필요를 만들어 낸다. 그것이야말로 영업의 본질이며, 동시에 예술이다. 사하라에서 비옷을 파는 일은 단순한 상거래가 아니다. 존재하지 않았던 상상과 필요를 현실로 끌어내리는 행위이며, 시장이 존재하지 않던 자리에서 시장을 발명하는 과정이다. 바람과 햇살과 모래 속에서 누군가의 생명을 지키는 한 장의 옷. 그것은 이제 더 이상 비를 막기 위한 것이 아니다. 그것은 생존을 위한 것이고, 기억을 위한 것이며, 인간의 존재를 지켜내는 단 하나의 선택이다.

> "사막 한가운데 비옷을 펼친다는 것은,
> 그늘을 짓고 생명을 끌어안는 가장 인간적인 상상이다."

02.
러시아 야쿠츠크 마을에 선풍기 팔기

　야쿠츠크는 얼음이 아니라 시간이 얼어붙는 곳이다. 온도가 내려갈 대로 내려간 그곳에서는 공기조차 흐르지 않고 정지해 있다. 이곳에서 선풍기를 판다는 말은 얼핏 들으면 농담처럼 들린다. 그러나 누군가는 그 농담을 진지하게 곱씹는다. 진짜 영업인은 선풍기의 시원함보다 다른 곳으로 눈을 돌린다. 선풍기는 시원한 바람을 만들어 내는 기계가 아니다. 오히려 그것은 이미 존재하는 온기를 원하는 곳으로 옮겨주는 장치다. 이 혹한의 땅에서는 난로가 따뜻함을 만들고 선풍기가 그 따뜻함을 살아 있는 공간 전체로 흐르게 한다.

　방 한구석에서만 맴도는 온기는 방 전체를 충분히 데우지 못한다. 바닥은 차갑고, 창문은 얼어붙고, 사람의 몸은 서서히 식는다. 이때 선풍기가 조용히 작동한다. 따뜻한 공기를 차가운 곳으로 이끌어내고 정체된 기운을 흐르게 만든다. 에어 서큘레이터라는 또 다른 이름처럼, 단순한 바람이 아니라 따뜻한 공기를 순환시키는 도구가 된다. 차가움 속으로 온기를 퍼뜨리는 일, 그것이 이 작은 기계가 맡은 새로운 역할이다.

혹한의 세상에서 건조함은 또 다른 적이다. 야쿠츠크의 겨울은 공기를 갈라놓는다. 아이들의 볼은 트고, 어른들의 입술은 터지며, 코끝과 목구멍은 밤마다 타들어간다. 가습기를 작동시켜도 그 수증기는 구석까지 도달하지 않는다. 선풍기는 여기서 다시 쓰임을 찾는다. 공기에 습기를 섞어 방 전체로 부드럽게 밀어낸다. 습기를 머금은 공기는 피부를 살리고, 숨결을 되살리고, 잠든 아이의 얼굴을 평온하게 만든다. 겨울의 건조한 바람이 생명력을 갉아먹을 때, 선풍기의 바람은 생명을 유지시킨다. 역설적이지만 가장 정직한 진실이다.

그리고 때로는 건조가 필요하다. 눈 속에서 젖어 돌아온 부츠와 외투, 습기 가득한 현관 바닥과 젖은 옷걸이 근처는 곰팡이의 온상이 된다. 그곳에도 이 기계는 조용히 자기 몫을 해낸다. 벽지의 곡면을 따라 습기를 날려버리고, 눈에 보이지 않는 불쾌한 기운을 흩어놓는다. 선풍기는 습도를 낮추고, 냄새를 없애고, 정리되지 않은 겨울의 잔재들을 조용히 처리한다. 바람이지만 잔소리하지 않고, 움직이지만 눈에 띄지 않는다. 그런 바람은 사람을 설득하지 않아도 사람에게 머문다.

그러나 진짜 이야기는 거기서 시작된다. 아버지는 그날도 선풍기를 들고 방 안을 돌았다. 거실에서 난로를 피우고, 그 따뜻한 공기를 할머니 방까지 보내려 선풍기를 틀어두었다. 온기는 서서히 방을 돌고, 차가움은 물러났다. 그때 어린 딸이 달려와 외쳤다. "아빠, 눈사람 만들자!" 아버지는 선풍기를 껐다. 말 없이 분무기를 들었고, 딸과 함께 집 밖으로 나섰다. 영하 27도의 공기 속에서 분무기는 물방울을 뿌렸고, 선풍기는 그 물방울을 눈발처럼 흩

날렸다. 눈은 바람을 타고 흩어졌고, 아이는 그 바람을 따라 뛰었다. 딸은 웃었고, 아버지 역시 따라 웃었다. 그날 그들은 바람으로 눈을 만들었다.

그 마을의 영업사원은 그 모습을 보고 한 가지를 확신했다. 이 선풍기는 여름을 식히기 위한 것이 아니라, 겨울을 살아내기 위한 도구가 될 수 있다고. 그것은 단지 기능이 아니라 상상이고, 기술이 아니라 감정이며, 판매가 아니라 관계였다. 극한의 마을에도 선풍기를 팔 수 있다는 말은 결국 이렇게 증명되었다. 바람이 춤을 추고, 사람이 그 춤을 따라 미소 지을 수 있다면, 그 바람은 팔릴 수 있다.

"진짜 영업은 제품을 설명하는 것이 아니라,
그 바람이 머무는 장면을 먼저 떠올리는 것이다."

03.
남극에서 냉장고를 판다

　냉장고는 얼리기만 하는 기계가 아니다. 오히려 얼지 않게 유지하는 기술이다. 차가움과 신선함 사이, 그 섬세한 온도를 유지하는 것이 냉장의 본질이다. 사람들은 자주 냉동의 강력함에 집중하지만, 진짜 가치는 정밀하게 온도를 유지하는 기술에 있다. 냉장은 단순히 음식을 보존하는 기능이 아니라 시간과 감각을 지키는 기술이다.

　깊은 새벽, 아이가 울음을 터뜨릴 때 엄마는 벌떡 일어난다. 몸은 무겁고 눈은 감겨 있지만, 아기의 공복은 기다려주지 않는다. 그 순간 꺼낼 수 있는 것은 단지 모유 한 병이 아니다. 그것은 엄마가 하루의 틈 사이에 짜두었던 배려이고, 잠시 숨 고르기 위한 준비다. 냉장고가 없다면, 그 모유는 이미 얼어 있거나 상해 있을 것이다. 그러나 냉장 기능이 있다면, 모유는 항상 '신선한' 상태로 대기한다. 냉장은 단지 신선함의 유지가 아니라, 돌봄의 리듬을 이어주는 다리다.

　사람들은 추운 곳에서는 냉장고가 필요 없다고 생각한다. 눈과 얼음으로 가득한 북극이나 남극, 그 어디에든 바깥은 이미 냉동의 상태다. 그러나 그 차가움이야말로 냉장의 필요를 증명한다. 밖에 두면 다 얼어버린다. 아이의 젖도, 환자의 약도, 수확한 식재료도, 모두가 얼어서는 안 되는 것들이다. 냉기는 자연이 주지만, 냉장은 인간만이 만들어 낼 수 있는 기술이다. 냉장고는 그 기술을 공간 안에 구현하는 기계다.

이 기계는 단지 온도를 조절하는 도구가 아니다. 그것은 시간을 지키고, 육체의 수고를 줄이고, 가족의 일상을 정돈하는 조용한 장치다. 그것은 주방에 놓인 가전제품이 아니라, 한 엄마의 새벽을 덜어주는 동반자이며, 한 가족의 리듬을 정돈하는 무언의 조율자. 그리고 그것은 어디서든 필요하다. 기온이 영하로 떨어지는 혹한의 땅이라도 그곳에 인간이 산다면 냉장은 여전히 유효한 가치를 가진다. 얼지 않게 유지한다는 것. 그 사소한 차이가 사람의 삶을 다르게 만든다.

결국 우리는 냉장고를 팔지 않는다. 우리는 '얼지 않은 신선함'을 판다. 우리는 그 차가움과 따뜻함 사이의 온도를 판다. 그리고 그 온도는 새벽 두 시에 아이를 껴안고 선 엄마에게는 평온이 되고, 바깥 눈밭을 뛰어다닌 아이에게는 따뜻한 한 잔의 우유가 된다. 그 차이를 만들어주는 것. 그것이 냉장이고, 그것이 바로 우리가 팔 수 있는 온도다.

"진짜 영업은 얼어 있는 세상 속에서 얼지 않은 가치를 건네는 것이다."

04.
알래스카에서 얼음을 팔아라

알래스카. 눈으로 덮인 그 땅은 누구에게나 차가운 이미지로 각인돼 있다. 숨결마저 얼어붙는 이곳에서 얼음을 파는 일은 얼음을 넘치도록 가진 사람에게 다시 얼음을 권하는 일처럼 보인다. 그러나 진짜 영업가는 그런 전제를 의심하는 데서 출발한다. 얼음은 많지만, 의미 있는 얼음은 드문 법이다. 흔하디 흔한 네모난 각얼음이 아니라, 감각과 놀이, 추억과 시간이라는 새로운 가치를 품은 얼음이라면 이야기는 달라진다.

얼음은 단지 냉각의 도구가 아니라, 감성의 매개가 될 수 있다. 아이들을 위한 과일 향 얼음 큐브. 얼음 속에 딸기나 블루베리를 박아 넣고, 천연 시럽을 함께 얼리면, 그것은 단지 시원한 조각이 아니라 오감을 자극하는 디저트가 된다. 입안에서 녹으며 퍼지는 과일의 향과 색은 아이들의 상상력을 자극하고, 얼음 하나로 놀이라는 세계가 열린다. 얼음은 식감이 아니라 체험으로 팔려야 한다.

더 나아가 이 얼음을 레고처럼 규칙적으로 가공하면 가능성은 더욱 넓어진다. 일정한 크기와 형태로 큐브를 만들고, 그 안에 다양한 색소를 더하면,

고객은 자신만의 이글루를 만들 수 있다. 놀이이자 건축이고, 창조이다. 아버지와 아이가 함께 얼음 블록을 쌓아 이글루를 만들고, 그 아래에서 핫초코를 마시며 이야기를 나눈다면, 그건 단순한 냉기 위에서 만들어진 따뜻한 추억이다.

이 비정형의 창조는 또 하나의 혜택을 제공한다. 바로 시간이다. 규격화된 얼음 블록은 고객에게 시간을 돌려준다. 얼음을 다듬고 쌓는 데 쓰이는 시간을 절약함으로써, 가족은 더 많은 여유를 갖게 된다. 빙어 낚시를 하고, 눈 속에서 뒹굴며, 혹은 단지 따뜻한 담요 안에서 아이들과 눈을 바라볼 수 있는 시간. 얼음은 단지 식혀주는 도구가 아니라, 시간을 설계하고 추억을 짓는 건축 자재가 된다. 결국 이 제품은 냉기를 팔면서도 온기를 남긴다.

그렇다면 이 알래스카의 얼음을 세계로 내보낼 수는 없을까? 단지 냉장고 속에서 굴러다니는 얼음이 아니라, 지구의 오랜 숨결을 품은 시간의 결정이라면 이야기는 달라진다. 수천 년 동안 압축된 빙하의 얼음은 기계로 급속 냉동한 얼음과는 결이 다르다. 더 투명하고, 더 단단하며, 더 느리게 녹는다. 그 자체로 예술이며, 지구가 오래 준비한 한 조각의 메시지다.

도시의 밤은 뜨겁고, 사람들은 지쳐 있다. 스트레스와 소음 속에서 사람들은 단지 마시는 것을 넘어서 감정을 해소할 수 있는 순간을 찾는다. 위스키 한 잔, 그 속에 떠있는 알래스카 얼음 한 조각이 잔 안에서 딸각 소리를 내면, 그것은 단순한 얼음이 아니라 낭만의 시작이다. 오래된 얼음이 천천히 녹아내리는 순간, 도시인은 잠시나마 감상에 젖는다. 얼음은 말을 하지 않지만, 감정을 정돈하고 기억을 남긴다.

이 얼음은 고급 호텔의 라운지 테이블 위에서도, 미쉘린 스타 셰프의 요리 속에서도, 예술품처럼 배치될 수 있다. 조각되어 전시되거나, 이글루 형태로 재구성되어 브랜드 경험의 상징이 될 수도 있다. 심지어 누군가는 그것을 결혼 반지 상자 속에 넣고 프러포즈의 순간에 녹여낼 수도 있다. 그 투명한 얼음 하나가 '소유할 수 있는 자연'이라는 메시지를 담는 것이다.

결국 우리는 얼음을 팔지 않는다. 우리는 그 얼음이 녹기 전까지 머금고 있는 침묵을 판다. 지구가 수천 년을 들여 만든 고요, 인간이 아직 오염시키지 못한 마지막 정직함, 그리고 누구도 함부로 복제할 수 없는 진정성. 그것이 바로 우리가 팔 수 있는 단 하나의 얼음이다.

진짜 영업은 녹아버릴 것을 팔면서, 사라지지 않을 감정을 남긴다. 알래스카의 얼음은, 내추럴하지 못한 세상을 조용히 정지시키는 방식이다.

05.
삭발한 스님에게 머리빗을 판매하다

스님에게 빗을 판다는 건 얼핏 듣기엔 우스운 상상이다. 머리카락이 없는 이에게 빗이 무슨 소용이겠는가. 그러나 영업인은 거기서 멈추지 않는다. 진짜 영업인은 물건을 보는 것이 아니라 사람을 본다. 그 사람이 처한 삶, 반복되는 하루, 침묵 속의 습관과 작고 고요한 바람을 본다. 머리카락이 없다는 사실이 빗의 쓸모를 지워버릴 수는 없다. 오히려 그 제한된 조건 속에서 새로운 용도와 숨은 니즈가 자라난다.

빗은 단지 머리를 빗는 도구가 아니다. 그것은 흐트러진 마음을 정리하고, 지친 몸을 다독이는 손길이 될 수 있다. 손잡이가 긴 나무 빗 하나는 어깨를 눌러주는 지압봉이 되고, 손이 닿지 않는 등을 긁어주는 효자손이 되며, 깊은 독서 속에서 법문을 끼워놓을 책갈피가 된다. 절제된 일상 속에서도 인간은 감각을 필요로 하고, 작은 도구 하나로도 그것은 충분히 채워진다. 스님의 방 안, 불서 위에 조용히 걸쳐진 나무 빗 하나. 그 안에 기능은 들어 있고, 침묵은 더해진다.

그러나 더 본질적인 가치는 따로 있다. 스님은 스스로의 삶보다, 절을 찾는 이들의 마음을 더 먼저 바라본다. 절은 사람을 맞이하고, 다시 보내는 장소다. 신도들은 이곳에서 마음을 씻고 돌아가고, 그 마음 안에 무언가 하나 남기를 바란다. 바로 그 지점에서 빗은 쓰임을 얻는다. 기도를 마치고 흐트러진 머리를 단정하게 만져주는 도구. 특히 긴 머리를 묶고 108배를 드리는 여성 신도에게는 그 한 자루의 빗이 작지만 깊은 배려가 된다. 선물은 기억을 남기고, 기억은 다시 방문을 부른다. 작은 나무 빗 하나로 스님은 신도의 뒷모습을 조용히 정돈해 줄 수 있다.

더 큰 무대는 부처님 오신날과 같은 큰 법회가 열기는 기간이다. 수백, 수천의 신도들이 모이는 날, 스님은 그들에게 단지 말씀만 전하지 않는다. 무엇인가를 남기고 싶어 한다. 그때 빗은 기념품이 된다. 나무 빗에 스님의 말씀이 한 줄 새겨진다.

"당신의 정성이 이 결처럼 곧고 맑기를."

"108배의 고요가 마음속에 남기를."

이렇게 한 자루의 도구가 법문이 되고, 감사가 되고, 절의 철학을 전하는 통로가 된다. 이쯤 되면 스님은 그저 물건을 주는 것이 아니다. 부처의 자비가 담긴 무언가를 건네는 것이다. 25개가 아닌, 500개, 1,000개의 가능성이 열리는 순간이다.

영업인은 그 가능성에 상상을 덧붙인다. 그냥 나무 빗이 아니라, 절의 상징으로 다듬어진 디자인. 나뭇결을 살려 만든 전통적 형태에, 절의 로고나 사찰명을 각인한 빗. 포장 안에는 스님의 축복 메시지를 담고, 받는 이의 이름을 적을 수 있는 공간도 있다면, 그것은 단순한 제품이 아니라 기억의 조각이 된다. 누군가는 이 빗을 집으로 가져가 불단에 올리고, 누군가는 그것을 책상 서랍 안에 넣어둔 채 조용히 만져볼 것이다. 손에 잡히는 건 나무지만, 마음에 남는 건 스님의 설법이다.

결국 이 빗은 머리를 빗기 위한 도구로 끝나지 않는다. 그것은 정리의 상징이고, 고요의 도구이며, 절에서의 시간을 다시 떠올리게 하는 작은 매개다. 그것은 팔리기 위해 존재하는 것이 아니라, 누군가의 마음에 닿기 위해 존재한다. 영업인은 그런 감정을 파악하고, 침묵의 도구를 말없이 건넨다. 그리고 묻지 않는다. 이걸 왜 사는가? 왜냐하면 진짜 영업은 질문을 남기지 않는다. 그 대신, 감각과 의미를 남긴다. 머리가 없는 사람에게도, 마음을 정리할 도구는 필요하다.

"진짜 영업은 말이 안 되는 것을, 가장 인간적인 순간으로 만든다."

06.
펜을 파는 방법

    펜은 단지 글을 쓰기 위한 도구가 아니다. 손에 쥐는 그 순간부터, 그것은 한 사람의 삶을 함께 써 내려가는 동반자가 된다. 하루의 계획을 적고, 계약서에 이름을 남기고, 아이의 준비물에 이름표를 붙이고, 사랑하는 사람에게 편지를 쓰는 그 모든 순간에 펜은 존재한다. 잉크가 흐르는 선은 기억이 되고, 기억은 곧 인생이 된다. 펜은 말없이 곁을 지키며, 사람의 시간과 감정을 종이에 옮긴다. 그리고 어느새, 삶의 무게가 펜촉에 스며든다.
    그 펜이 어느 날, 마지막 문장을 남긴다. 유언이라는 단어가 주는 무게는 죽음이 아니라 사랑이다.
    '고마웠다, 미안했다, 사랑했다.'
    짧은 문장 몇 줄이지만, 그 속엔 평생 말로 다 하지 못한 마음이 있다. 손이 떨리며 눌러 쓴 그 마지막 글자 속에, 사람이 남는다. 그리고 그 순간, 펜은 사라지지 않는다. 사람이 떠난 자리에, 책상 서랍 안 어딘가에 그 펜은 조용히 남는다.
    세월이 지나, 서랍이 열리고 그 펜이 다시 손에 쥐어진다. 아버지가 쓰던

만년필 메이커 파커 사의 명품 듀오폴드

그 펜, 늘 재킷 안주머니에 넣고 다니던 낡은 금속의 펜 하나가 다시 눈앞에 나타난다. 아들은 그것을 쥐며 그 손의 무게를 느낀다. 그것은 단지 필기구가 아니다. 삶의 기록이고, 관계의 기억이며, 이어지는 이야기다. 아버지가 남긴 문장이 사라져도, 그 펜은 아들의 손에 남는다. 그리고 아들은 다시 무언가를 쓴다. 자신의 서류에 이름을 남기고, 아이의 일기장에 한 줄 메시지를 적는다. 그렇게 삶은 이어진다.

영업인은 그 흐름을 읽는다. 펜을 파는 일이란, 잉크의 양이나 디자인을 설명하는 것이 아니다. 그것은 이 도구가 어떤 사람의 인생에 놓일지를 상상하고, 그 인생이 어떻게 다음 세대에게 이어질지를 말해주는 일이다. 이 펜은 단지 오늘의 도구가 아니다. 그것은 아버지의 기록이 되고, 자식의 기억이 되며, 언젠가는 또 다른 손에 전해질 이야기의 매개다. 제품은 낡을 수 있어도, 그 제품 안에 담긴 감정은 닳지 않는다. 사람은 언젠가 사라지지만, 그 사람이 마지막으로 쥐었던 펜 하나는 계속 남아 있을 수 있다. 잉크가 말라 버려도, 기억은 멈추지 않는다.

결국 우리는 펜을 파는 것이 아니다. 우리는 펜으로 적히는 삶의 단어들을 판다. 손끝에서 흐르던 감정, 이름을 남기던 순간, 마지막 작별의 문장. 그 모든 것을 지나도 여전히 살아 있는 펜 하나. 그건 더 이상 문장을 쓰는 기계가 아니다. 그것은 관계를 잇는 도구이며, 한 인간의 손에서 또 다른 손으로 넘어가는 고요한 유산이다.

"진짜 영업은 펜을 파는 것이 아니라,
그 펜으로 남길 수 있는 사람의 마음을 파는 것이다."

나|가|는|글

백만 가지의 가능성을 향해

마틴 루터 킹 목사님의 외침처럼, 우리에게도 꿈이 있습니다. 우리는 누군가를 만나 꿈을 꾸고, 그 꿈을 향해 계획을 세우고, 행동에 옮기고, 때로는 실패를 겪기도 합니다. 하지만 우리는 다시 일어나고, 다시 나아갑니다. 그리고 결국 그 꿈을 함께 이룬 사람들과 기쁨을 나누게 됩니다. 꿈은 혼자 꾸는 것이 아니라, 함께 나누고 함께 만들어 가는 것이기에 더욱 깊고 단단해지는 법입니다.

이 꿈은 단순한 개인적인 바람만을 뜻하지 않습니다. 그것은 영업사원 개인의 인생적 목표일 수도 있고, 본사가 함께 품어야 할 장기적인 비전일 수도 있으며, 시장의 최전선에서 땀을 흘리고 있는 대리점 사장들과 마케터, 개발자, 품질 관리자, 생산자들과 공유하는 공동의 목표가 될 수도 있습니다. 이 꿈은 누군가가 일방적으로 설정하는 것이 아닙니다. 정해진 형태는 없지만, 반드시 누군가는 이 꿈을 입 밖으로 꺼내야 합니다. 꿈과 비전은 언어로 구현되었을 때 생명을 얻고, 반복되고 강조될 때 힘을 갖게 되며, 공유될 때 비로소 진짜 움직임을 만들어 냅니다.

물론 언제나 그런 꿈에 찬물을 끼얹는 이들도 존재합니다.

"그건 불가능해요."

"지금은 시기가 아니에요."

"그걸 누가 들어줄까요?"

우리는 이런 말에 낙담하고 주저앉기도 합니다. 그러나 우리는 분명히 알아야 합니다. 꿈을 꾸지 않는 사람은 계획할 수 없고, 계획하지 않는 사람은 행동할 수 없으며, 행동하지 못하는 사람은 결국 그 어떤 꿈에도 다가설 수 없습니다. 그리고 그 꿈에 다가서지 못한 사람은, 아무것도 이룰 수 없습니다.

그렇기에 우리는 멈추지 말고 꿈을 말해야 합니다. 긍정적인 태도로, 주기적으로, 마치 고유진동을 일으키듯 우리 안에 있는 꿈을 계속 흔들어야 합니다. 그 진동은 대표에게도, 개발자에게도, 생산 팀과 품질 관리팀에게도, 시장을 함께 뛰는 대리점 사장에게도, 그리고 무엇보다도 지금 이 길을 걷고 있는 나 자신에게도 닿아야 합니다. 그렇게 퍼져나가는 울림이 있어야, 꿈은 단지 상상이 아니라 현실의 문을 여는 열쇠가 됩니다.

지금 이 순간, 우리에게는 말할 수 없이 많은 바람이 있습니다. 무수한 가능성들이 아직 문밖에 서 있습니다. 단 하나의 마음, 단 하나의 말, 단 하나의 행동이 그 문을 열 수 있습니다. 그 시작은 언제나 같습니다. 우리는 꿈이 있습니다. 그리고 그 꿈은 지금 이 순간에도 여전히 우리를 기다리고 있습니다.

그리고…,

지금 내 앞에 있는 그 사람의 존재를, 우리는 무엇보다도 귀하게 여겨야 합니다. 생각해 보십시오. 우리가 이토록 광활한 우주 속, 무수히 많은 별과 행성들 사이에서 '지구'라는 단 하나의 생명 가능한 별에 함께 존재하고 있다는 것 자체가 얼마나 놀라운 기적입니까.

그것도 태양계라는 미세한 은하의 한 구석, 그중에서도 우리가 살아가는 이 작은 땅 위에서, 특정한 국가, 특정한 도시, 특정한 시간 속에서, 지금 이 자리에 함께 있다는 사실은 결코 우연이라 할 수 없습니다.

이 순간은 단지 '오늘'이 아닙니다. 우주의 영겁의 시간 속에서 2025년이라는 이름을 가진, 그중에서도 6월이라는 계절을 품은, 단 하루도 아닌, 지금 이 '순간' 1초보다 더 짧은 찰나의 교차점에서 우리는 서로를 마주하고 있는 것입니다.

이 만남은 일상의 가면을 쓴 채 찾아온, 실은 가장 비범한 만남입니다. 그리고 당신이 그 사람의 인생에 등장한 '이유'는 아직 다 풀리지 않은 위대한 서사의 한 장면일지도 모릅니다.

그러니 이 만남을 결코 가볍게 흘려보내지 마십시오. 지금 내 앞에 있는 그 사람은 숫자가 아닙니다. '고객'이라는 껍질도 아닙니다. 그는 수많은 시간과 가능성을 지나 여기에 도착한, 하나의 우주이며, 하나의 이야기입니다.

그 존재를 귀히 여기십시오. 그가 건네는 한 마디에, 눈빛 하나에, 머뭇거림의 떨림에, 마음속 갈등의 온도에, 당신의 감각을 열어두십시오.

그의 인생이 걸어온 길과, 앞으로 걸어갈 길 위에 당신이 선한 영향력으로 남게 된다면, 그것이야말로 영업의 본질이며, 사람이 사람에게 전할 수 있는 가장 깊은 가치입니다.

   이 순간은 결코 다시 오지 않습니다. 이 만남도, 이 대화도, 이 기회도, 이 생에서 단 한 번일 수 있습니다. 그러니 지금, 당신 앞에 있는 단 한 사람에게 온 마음을 다해 진심을 전하십시오. 그 마음은 언젠가, 당신의 삶을 전혀 다른 방식으로 되돌아올 것입니다.

- 영업의신조이

"지금 이 순간, 당신 앞에 있는 사람은 우연이 아니라, 운명입니다."